Der StAchel des Befehls

JOHN PATTILLO-HESS (HG.)

Der StAchel des Befehls

IV. CANETTI SYMPOSION

LÖCKER VERLAG

MIT FÖRDERUNG DER ABTEILUNG FÜR KULTUR DER STADT WIEN, MA 7
UND DES BUNDESMINISTERIUMS FÜR UNTERRICHT UND KUNST

Die Beiträge dieses Buches wurden als Referate auf dem 4. Internationalen kulturanthropologisch-philosophischen Canetti-Symposion gehalten, das – mit Unterstützung der Stadt Wien und des Bundesministeriums für Unterricht und Kunst – im Volksbildungshaus Wiener Urania in der Zeit vom 25. bis 28. April 1991 stattfand. Diese Tagung wurde von der Wiener Urania in Zusammenarbeit mit dem Kunstverein Wien veranstaltet.

Vertrieb: Löcker Verlag
Umschlaggestaltung: Patricio Handl
Datenkonvertierung: PCG, Wien
Druck: REMA*print*, Wien
ISBN 3-85409-202-4

Inhaltsverzeichnis

Vorwort

1973 notierte Elias Canetti folgende Überlegungen zu seiner Arbeitsweise:

„In den Jahren der Vorbereitung, als ich das Unterschiedlichste las, um den Weg zu ‚Masse und Macht' zu verlängern, sah es so aus, als sei ich in einem Ozean von Lektüre verloren. Wer von diesem Zustand erfuhr, hielt mich für besessen, selbst von besten Freunden empfing ich behutsam Ratschläge. Es sei überflüssig, nichts als Quellen zu lesen, auch die großen alten Bücher seien tausendmal schon erschöpft und zu wenigen, bleibenden Erkenntnissen reduziert worden. Alles übrige sei Ballast, mit dem man sich nicht beschweren dürfe. Das Wegschieben des Unnötigen sei an jeder größeren Arbeit das Wichtigste.

Ich aber ruderte steuerlos in meinem Meer und ließ mich nicht beirren. Eine Rechtfertigung für dieses Verhalten hatte ich nicht, – bis ich auf folgenden Satz stieß:

‚Es kann sein, daß im Thukydides z. B. eine Tatsache ersten Ranges liegt, die erst in hundert Jahren jemand bemerken wird.' Dieser Satz findet sich in der Einleitung zu den ‚Weltgeschichtlichen Betrachtungen'.

Das Intimste, was ich Burckhardt zu danken habe, meine Rechtfertigung für jene Jahre, ist dieser Satz." So weit Elias Canetti.

Wir allerdings können ergänzen, daß diese Ahnung, daß man noch in hundert und mehr Jahren „eine Tatsache ersten Ranges" in einem bekannten Buch bemerken wird, im besonderen auf „Masse und Macht" zutrifft. Es ist ein sehr klares, aber auch sehr tiefes Werk, wer es einmal gelesen hat, den läßt es nicht mehr los, es ist packend, niederschmetternd und erhebend. Es ist in seinem weiten Horizont faszinierend, insbesonders in der souveränen Art des Autors, der darin die Trennung von Kunst und Wissenschaft überwunden hat.

Mit Recht hat der wissenschaftliche Leiter des Canetti-Symposions, John Pattillo-Hess, hier an dieser Stelle vor vier Jahren gesagt: „‚Masse und Macht' ist keine Abfolge flacher, nebeneinandergestellter ‚Argumentationen', es besitzt Relief. Ich traue mich zu behaupten, daß das Werk fast alle Dimensionen der Welt enthält."

Freilich erschließen sich diese Dimensionen nicht von selbst: die Tiefe des Werkes, die Hintergründigkeit, aber auch die faszinierende Weite verlangen einen intensiven und vor allem verständigen Umgang mit der besonderen Eigenheit dieses Textes. Um den analytischen Gehalt, die philosophische Struktur des Buches zu erfassen, darf man nicht an den literarischen und dichterischen Schichten hängenbleiben, sondern muß gleichsam zum abstrakten Kern vordringen. Gerade das diesmal gewählte Thema „Der Stachel des Befehls" stellt eine wichtige Herausforderung an alle dar, die sich redlich mit „Masse und Macht" auseinandersetzen wollen. Wie wichtig dies für uns alle ist, zeigt die traurige Aktualität des Themas. Unabhängig von den unterschiedlichen und sich nach außen hin immer wieder anders gebärdenden Erscheinungsformen der Macht bleibt der Kern des Problems so, wie es Elias Canetti dargestellt hat.

Gerade deshalb – so meine ich – ist die Reihe dieser Wiener Canetti-Symposien so wichtig, weil sie dazu anregt, die Analysen der Philosophen – im weitesten Sinne – immer wieder neu zu lesen und zu diskutieren. Dem Kunstverein Wien, der Wiener Urania und insbesondere dem wissenschaftlichen Leiter der Veranstaltung, Herrn John Pattillo-Hess, möchte ich für ihr diesbezügliches Engagement danken.

Wie wichtig es ist, die Erkenntnisse des Buches angesichts unserer überaus bewegten Welt ständig neu zu überdenken und auch gegen unzutreffende Lesarten zu schützen, zeigt ein markantes Beispiel aus der jüngsten tragischen Vergangenheit.

Franz Schuh – unter anderem auch Referent dieser Veranstaltung – hat im Februar 1991 im Nachrichtenmagazin „profil" gezeigt, wie deutlich Hans Magnus Enzensberger in seiner vielbeachteten Rechtfertigung der amerikanischen Haltung im Golfkrieg Canettis Werk im wahrsten Sinne des Wortes strapaziert hat – übrigens ohne den Namen des Nobelpreisträgers auch nur zu nennen. Was aber noch schlimmer ist, er hat auch den Intentionen von „Masse und Macht" nicht wirklich entsprochen.

Dazu wörtlich Franz Schuh:

„Es wird plötzlich klar, daß Canettis Texte es unter keinen Umständen ermöglichen, was führenden Köpfen heutzutage so leicht gelingt: Die Analyse der Machtgier der einen Seite schlägt offen um in eine Rechtfertigung der Macht der anderen Seite. Die Erkenntnis von der Paranoia der einen Seite wird dazu benützt, um die Paranoia auf der anderen Seite aufzustacheln."

Nur die ehrliche Auseinandersetzung mit den Ideen dieses großen Werkes kann uns helfen, die *entscheidenden* Probleme zu erkennen.

Bernhard Denscher
Eröffnungsrede des 4. Canetti-Symposions

Der Stachel des Befehls

John Pattillo-Hess

> „Der ‚freie' Mensch ist nur der, der es verstanden hat, Befehlen auszuweichen, und nicht jener, der sich erst nachträglich von ihnen befreit."
> „Masse und Macht", Elias Canetti

„Befehle werden manchmal nicht befolgt. Wie aber würde es aussehen, wenn Befehle *nie* befolgt würden? Der Begriff ‚Befehl' hätte seinen Zweck verloren"[1], behauptet Wittgenstein. Gesetze beachten, Grammatikregeln befolgen, eine Staatsangehörigkeit besitzen, Verkehrsverordnungen respektieren, Termine eines Vorgesetzten einhalten, Fragen eines Lehrers beantworten usw. heißt in jedem Fall, Befehlen zu gehorchen. Wittgenstein hat das verstanden. Obzwar ihm klar war, was geschieht, wenn zwei Personen aus unterschiedlichem Stand und ungleicher Macht in Beziehung treten, genügte es ihm, sich fast ausschließlich mit der sprachtheoretischen Problematik zu befassen. Unter welchen Umständen und aus welchen Gründen Befehle erteilt werden und wieso einzelne oder viele diesen gehorchen, vermochte Wittgenstein – und er ist einer der wenigen, der sich in irgendeiner Weise dem Problem bereits vor Canetti gestellt hat – nicht zu beantworten.

Wittgenstein beschränkte sein *Verständnis* des Befehls auf Regeln der Wissenschaft, laut ihm wird die Kluft zwischen einem Befehl und seiner Ausführung durch das „Verstehen" geschlossen. Er läßt dabei die Normen unseres tagtäglichen Zusammenlebens völlig außer acht, die man wegen ihrem endgültigen und indiskutablen Charakter als etwas Natürliches und Unentbehrliches akzeptiert.

In der ganzen Geschichte des abendländischen Denkens findet man vor Canetti keinen Ansatz, den Befehl zu begreifen oder wenigstens zu beschreiben. Befehle geben und gehorchen sind *Tatsachen* unseres allgemeinen Lebens. Wir lenken unsere Existenz nicht durch Vorstellungen, die wir zuerst kennen, um sie danach mittels unseres Willens zu verwirklichen. Nur Befehle können Handlungen verursachen und regieren. Der Wille ist keine *primäre* Kraft, die irgendeine Handlung verursacht – man möchte behaupten, daß Individuen erst durch Befehlsstacheln entstehen, kaum jedoch mit „Verstand" durchleuchtet werden. Dagegen könnte man die Idee Wittgensteins über den Befehl so ausdrücken: Ich kann keinen Befehl verstehen oder jemand anderem begreiflich machen, wenn ich als Befehlshaber oder -empfänger nicht zuerst den „Begriff", den er beinhaltet, irgend jemand beibringe oder beigebracht bekomme.[2]

Für Canetti – und denkt man Wittgensteins *Sprachregelnargumente* genauer durch, war er am Rande dieses Gedankens – haben Befehle einen vorsprachlichen Ursprung. Über den Befehl hat man – laut Canetti – gerade wegen seinem endgültigen und indiskutablen Charakter wenig nachgedacht. Man akzeptierte ihn als etwas Natürliches und Unentbehrliches, das immer schon so da war. Zum Wesen des Befehls gehört die Verschiedenartigkeit zweier Geschöpfe, die miteinander in Beziehung treten, und seine älteste Wirkungsform ist die Flucht. In der großen Machtverschiedenheit zwischen Tieren verschiedener Gattungen, wo eines das andere bedroht, liegt der Grund der Unwiderruflichkeit dieses Vorgangs und der Anlaß, daß alle Befehle sich vom Fluchtbefehl herleiten: „Das eine gibt nur kund, daß es das andere fressen will; daher der tödliche Ernst der Flucht. Der ‚Befehl' zwingt das schwächere Tier zur Bewegung, gleichgültig, ob es dann wirklich verfolgt wird oder nicht. Auf die Stärke der Drohung allein kommt es an: des Blickes, der Stimme, der schreckhaften Gestalt."[3]

Der älteste Befehl ist somit ein Todesurteil, welches das Opfer zur Flucht zwingt. Die Tatsache, daß das System der Befehle unter Menschen so angelegt ist, daß man dem Tod für gewöhnlich entgeht, ist für Canetti kein Argument gegen seine Behauptung, daß im Schrecken vor jedem menschlichen Befehl immer die Drohung der Vollstreckung eines wirklichen Todesurteiles enthalten ist.

Der Befehl ist in eine Richtung ausgebreitet und erlaubt weder Änderung noch Umkehrung oder Widerspruch. Ein Befehl, sobald er ausgesprochen oder ob seiner vorsprachlichen Natur klargestellt ist, löst eine Handlung aus, die durch ihn bestimmt ist und sich von allen anderen Handlungen unterscheidet; so wird der Befehl wie etwas Fremdes, von außen Kommendes empfunden: „Selbst dort, wo einsame Menschen mit einer ungeheuerlichen Häufung von Befehlen plötzlich hervortreten und einen neuen Glauben zu begründen, einen alten zu erneuern versuchen, wird der Schein einer fremden, auferlegten Last immer streng gewahrt. Sie werden nie im eigenen Namen sprechen. Was sie von den anderen verlangen, ist ihnen aufgetragen worden; und so sehr sie in manchem lügen mögen, in diesem einen Punkt sind sie immer ehrlich; sie glauben, daß sie *geschickt* sind."[4] Man gehorcht, weil man nicht mit Aussicht auf Erfolg kämpfen kann. Zum Wesen des Befehls gehört nicht nur, daß man ihn als etwas Fremdes empfindet, sondern auch die Voraussetzung, daß man ihn als etwas Stärkeres anerkennt. Wer siegt, befiehlt, und die Macht des Siegers läßt sich nicht in Frage stellen: „Äußerlich besehen, wächst die Macht des Befehlenden unaufhörlich. Der kleinste Befehl fügt etwas hinzu. Nicht nur wird er gewöhnlich so gegeben, daß er dem nützlich ist, der sich seiner bedient: es ist auch in der Natur des Befehls selbst, in der Anerkennung, die er findet, im Raum, den er durcheilt, in seiner schneidenden Pünktlichkeit – es ist in alledem etwas, das der Macht Sicherheit und Wachstum ihres Bereiches verbürgt. Die Macht sendet Befehle aus wie eine Wolke von magischen Pfeilen: die Opfer, die davon getroffen werden, bringen sich selber dem Mächtigen dar, von den Pfeilen gerufen, berührt und geführt."[5]

Hier stellt sich nun die Frage, ob der Befehl wirklich so einfach ist, wie er erscheint, ob er wegen der Raschheit des Bewirkens des Erwarteten nicht Spuren in den Menschen, welche Befehlen gehorchen, zurückläßt. Um den Befehl zu begreifen, zerlegt ihn Canetti in zwei Bestandteile: in den Antrieb, der den Befehlsempfänger zur Ausführung zwingt, und in den Stachel, der demjenigen zurückbleibt, der den Befehl ausführt. Im Stachel bleibt der Befehlsinhalt erhalten, und auf diese Weise geht kein Befehl verloren: „Aber der Stachel senkt sich tief in den Menschen, der einen Befehl ausgeführt hat, und bleibt dort unverändert liegen. Es gibt unter allen seelischen Gebilden nichts, das weniger veränderlich wäre. Der Inhalt des Befehls bleibt im Stachel erhalten; seine Kraft, seine Tragweite, seine Begrenzung, alles ist für immer vorgebildet worden, in dem Augenblick, da der Befehl erteilt wird. Es kann Jahre und Jahrzehnte dauern, bis jener versenkte und gespeicherte Teil des Befehls, im kleinen sein genaues Ebenbild, wieder zum Vorschein kommt."[6]

Erfolgt die Weitergabe des Befehls nicht, bleibt dieser für immer gespeichert. Eine große Quelle seelischer Energie des Menschen stellt die Wiederherstellung früherer Situationen dar, welche Gelegenheit bieten, Befehle, die man einmal empfangen hat, loszuwerden. Es ist also dieser hinterlassene Stachel der Antrieb für weitergehende Machtausübung, er isoliert den einzelnen und zerstört gleichzeitig dessen Autonomie.

Der Grund, ob ein Befehl einem einzelnen oder vielen erteilt wird, ist schon in seinem biologischen Ursprung gegeben. Der Unterschied beruht darauf, ob Tiere einzeln leben und so die Drohung ihrer Feinde einzeln empfangen, oder ob sie in Herden leben und als solche bedroht werden: „Ein Tier, das für gewöhnlich in Herden lebt, aber von seinem Feinde durch Zufall allein überrascht wird, trachtet zu seiner Herde hin zu fliehen. Einzelflucht und Massenflucht sind von Grund auf verschieden. Die Massenangst einer fliehenden Herde ist der älteste und – man möchte sagen – vertrauteste Massenzustand, den man überhaupt kennt.“[7]

Vom Zustand der Massenangst leitet sich das Opfer her. Eine von Angst erfüllte, fliehende Masse wird ihre Ruhe wiederfinden, sobald ein Feind aus ihren Reihen ein Opfer geschlagen hat. Ein Opfer im weitesten Sinn des Wortes ist dasjenige, welches den Hunger der gefährlichen Macht für eine Weile aufhält und auf diese Weise der Masse die Wiedergewinnung des gewöhnlichen Zustandes ermöglicht. Die Masse will beisammenbleiben, weil jedes Mitglied sich nur in der Nähe der anderen sicher fühlt. Die Gesinnung der Masse, welche sie zusammenhält, die sie vorwärtstreibt, ist die gemeinsame Richtung, die sie – die Masse – aus Angst vor den zerstörenden Formen der Macht einschlägt. Wer aus der Masse herausspringt, wer nicht die vorgegebene Richtung des drohenden Befehls einnimmt, der ist auf zweierlei Art gefährdet: er kann einerseits leicht von der Macht ergriffen, und andererseits wegen seiner labilen Stellung von der Masse ausgeliefert werden.

Es mag sein, daß ein Befehl von oben anfänglich einen einzelnen trifft, aber es gehört zum Wesen der Masse, daß dieser sich horizontal unter ihren Mitgliedern ausbreitet: „Aber da andere seinesgleichen in seiner Nähe sind, gibt er ihn sogleich an diese weiter. In seiner Angst rückt er näher an sie heran. Im Nu sind die anderen davon angesteckt. Erst geraten einige in Bewegung, dann mehr, dann alle. Durch die sofortige Ausbreitung desselben Befehls sind sie zu einer Masse geworden. Nun fliehen alle zusammen.“[8]

Die Tatsache, daß sich ein Befehl sogleich zerstreut, ist der Grund, weshalb sich kein Stachel in den Befehlsempfängern bildet. Was zu einem bleibenden Bestandteil geworden wäre, löst sich sofort auf. Ein Befehl an viele hat nun einen eigentümlichen Charakter, welcher sich substantiell vom Befehl an einzelne unterscheidet: „Das Schlagwort des Redners, das den versammelten Menschen eine Richtung aufzwingt, hat genau diese Funktion und läßt sich als ein Befehl an viele auffassen. Vom Standpunkt der Masse aus, die rasch entstehen und sich als Einheit bewahren möchte, sind solche Schlagworte nützlich und unentbehrlich. Die Kunst des Redners besteht darin, daß er alles, was er bezweckt, in Schlagworten zusammenfaßt und kräftig vorbringt, die der Masse zu Entstehung und Bestand verhelfen.“[9]

Nur wenn ein Befehl aus den vielen eine Masse zu machen bezweckt, und ihm dies auch gelingt, weckt er keine Angst. Es ist ein übergeordneter Befehl, der eine Masse erzeugt und am Leben erhält; ist dies vollbracht, hat es keine Bedeutung mehr, was der Machthaber von ihr verlangt, welche Richtung, welche Gesinnung er ihr einprägt.

Im August 1989 nutzten Hunderte von DDR-Bürgern die Veranstaltung „Paneuropäisches Picknick" an der ungarisch-österreichischen Grenze, um aus ihrem Urlaub ungehindert nach Österreich weiterzufahren. Es war der Beginn einer Flucht, die sprunghaft die politische Gestalt Europas ändern sollte. Die Fluchtmasse wuchs rasch zu zehntausenden DDR-Bürgern an, sie hatte als Ziel die Bundesrepublik.

Canetti schreibt: „Die *Fluchtmasse* wird durch *Drohung* hergestellt. Es gehört zu ihr, daß alles flieht; alles wird mitgezogen. Die Gefahr, von der man bedroht wird, ist für alle dieselbe. Sie konzentriert sich auf einen bestimmten Ort. Sie macht keinen Unterschied. (...) Man flieht zusammen, weil es sich so besser flieht. Die Erregung ist dieselbe: die Energie der einen steigert die der anderen, die Menschen stoßen einander in dieselbe Richtung fort. Solange man beisammen ist, empfindet man die Gefahr als *verteilt*. Es besteht die uralte Vorstellung, daß die Gefahr an *einer* Stelle zupacken wird. Während der Feind einen ergreift, können die anderen indessen alle entkommen. (...) Da die einzige Bewegung aller der Rettung gilt, fühlt man sich von ihrer Erlangbarkeit ganz durchdrungen."[10]

Die Drohung, welche die Deutschen zur Flucht veranlaßte, wurde immer geringer, letzten Endes gerade durch ihre Flucht beseitigt. Die Konzentration auf den Ort, von dem man flüchtete, verlagerte sich zum Ort, wohin man flüchtete. Die Drohung war beseitigt, wenn auch die Folgen ihrer Politik noch lange bestehen werden. In der Bevölkerung wirkte und wirkt gewissermaßen weiter der listige Diskurs bundesdeutscher Politiker, die sich im weltweiten Vergleich einer endlos scheinenden Vermehrung der Produktion brüsten können. Über eine gerechte Verteilung zu reden, gehört nicht mehr zum „Zeitgeist".

Was man anfänglich durch eine Flucht aus dem Raum und in den Raum zu erlangen trachtete, versuchte später ein ganzes Land durch die Flucht aus der und in die Zeit zu erreichen. Man löste Schritt für Schritt das eigene Land auf, um das Ziel der Flucht zeitlich und räumlich zu erreichen. Diese allgemeine Flucht, dieser Verzicht, sich selber durch eigene Entscheidungen zu bestimmen, hat kaum eine Analogie in der Geschichte. Mir kommt dabei nur das erschütternde Schicksal der Lucayer in den Sinn, Bewohner der heutigen Bahamas zur Zeit der spanischen Eroberung.

Die Lucayer glaubten, daß sich ihre Seelen nach dem Tod in ein verheißtes Land begeben, wo ihnen alle Freuden und Glückseligkeiten zuteil werden. Die Spanier griffen diese Sage zu ihrem Vorteil auf, da es ihnen an Arbeitskräften mangelte und sich unter den Lucayern keine Freiwilligen fanden. „Deshalb versuchten einige unserer Landsleute", schildert der Spanier Martier Anghiera, „die armen Insulaner zu überreden, freiwillig ihr Heimatland aufzugeben und sich nach Hispaniola und Kuba verpflanzen zu lassen; dort würden die Eingeborenen ihre verstorbenen Eltern, Kinder, alle ihre Verwandten und Freunde wiedersehen. Und zu dem Besitz aller jener Dinge, die sie gerne hätten, würden sie auch Freuden jeder Art dort genießen. Solcher Hokuspokus war den Eingeborenen früher von ihren Zauberpriestern beigebracht worden; jetzt wurde er ihnen von den Spaniern vorgemacht. Mit frohen Liedern verließen viele Insulaner ihre Heimat und folgten der eitlen Hoffnung. Als sie aber in Kuba und Hispaniola erkannten, wie sie getäuscht worden waren, und weder ihre Eltern noch ihre Freunde trafen, sondern dazu gezwungen wurden, ein hartes Regiment zu ertragen und ungewohnte und schwere Arbeit zu leisten, da gerieten sie in Verzweiflung. Einige begingen Selbstmord, andere zogen es vor zu hungern, wurden kraftlos und starben. Weder durch Vernunft noch mit Gewalt konnten sie dazu gebracht werden, Speisen zu sich zu nehmen. (...) So starb die bedauernswerte Bevölkerung der Lucayischen Insel aus."

Wegen Arbeitskräftemangel versuchten auch die Bundesdeutschen Anfang der 60er Jahre ihre deutschen Nachbarn zu überreden, ihren Wohnort zu wechseln. Die DDR-Führung baute daraufhin eiserne, streng bewachte Grenzen und erließ rigorose Bestimmungen, um die Übersiedlung zu stoppen. Aus politischen Gründen behielt man jedoch im Westen durch Jahrzehnte einen anachronistischen Diskurs bei, der zur Flucht überreden sollte. Jeder einzelne Flüchtling war ein Beweis der eigenen Überlegenheit, jede durch Tod oder Gefängnis verhinderte Flucht ein Nachweis der Unmenschlichkeit des benachbarten Systems. In dem Augenblick, wo aus einzelnen eine Masse wurde, begann sich der Diskurs zu ändern, eine Mehrheit der Bundesdeutschen war nicht mehr von der Unterstützung von Aussiedlern zu überzeugen. Die Angehörigen der Fluchtmasse, die mit Fanfaren empfangen wurden, fand man kurz danach vereinzelt und verzweifelt in den Aussiedlungslagern. Die zur Schau getragene Vermehrung der Produktion erlaubt keine unkontrollierbare Vermehrung der Bevölkerung – ohne den eigenen ökonomischen Status zu gefährden.

Immer mehr Stimmen erhoben sich gegen die mangelnde Anpassungsfähigkeit der Aussiedler. Die heutige Hauptsorge der deutschen Politiker aus den Alt- und Neubundesländern scheint zu sein, den neuen Bundesrepublikanern so schnell wie möglich „Unternehmungsgeist" beizubringen – so als ob Geist und Kapital ein Synonym wäre. Dabei wird vergessen, daß Geist in Westeuropa gerade da zu finden ist, wo die Kraft der Verneinung einsetzt.

Ein ganzes Land hat sich aufgelöst – andre Länder werden folgen – und schreitet in eine fremde Welt ein, in der es lange fremd bleiben wird. Es ist zu befürchten, daß das Schicksal der neuen Bundesbürger – gemeinsam mit Aussiedlern, Exilierten und Emigranten aus dem Ostblock, die ihre Heimat verloren haben, ohne eine neue zu finden – das Schicksal sein wird der Außenseiter, der bösen anderen.

Es konnte und kann kein Dialog zwischen den beiden „Welten" zustandekommen. Die Art der Dinge, die man glauben machen wollte, die Art der Zustimmung zu dem, was Politiker vortrugen, waren so verschieden, daß man nur einen anspruchsvollen wie leeren Diskurs beiseite geschoben hat, ohne sich als Subjekt des neu angenommenen etablieren zu können.

Den Ausruf von Canetti: „Wo ist der Historiker, der es vermocht hätte, die Prognose Hitler zu stellen!"[11] kann man heute, in Anbetracht der jüngsten Ereignisse, folgendermaßen formulieren: Wo ist der Historiker, der es vermocht hätte, die Prognose Deutschland und Ostblock 1989–90 zu stellen! Viele mögen behaupten, dies sei nicht wissenschaftlich. Doch entgegen dem wissenschaftlichen Anspruch, der als Marxsches Erbe alle geistigen Tätigkeiten heimgesucht hat, ist festzustellen, daß eine Methode der Vortrefflichkeit, um menschliche Phänomene des Zusammenlebens zu erfassen, nicht besteht. In der Betrachtung und Analyse der Geschehnisse im europäischen „Ostblock" erweist sich offensichtlich die Strenge der Fachdisziplinen als Aberglaube. „Was ihnen entschlüpft", schreibt Canetti, „ist eben das, worauf es ankommt. Eine unzerteilte Anschauung des Phänomens selbst ist oberste Voraussetzung. Jede Arroganz des Begriffs, wo immer sonst er sich bewährt haben mag, ist schädlich."[12]

Bis vor kurzem konnte man bei den Wertkriterien, die den Wissenschaftlichkeitsanspruch des jeweiligen Diskurses zu stützen versuchten, grob unterscheiden zwischen einem Effizienzkriterium, das die Eroberung der Welt ermöglicht, und einem Emanzipationskriterium, das durch die Praxis eines revolutionären Subjekts das Antlitz der Erde verändern sollte.

Vor Jahren fand ich es notwendig, beide Ansprüche in Frage zu stellen, indem ich erstens zeigte, daß die Effizienz der Wissenschaft bezüglich der Eroberung der Welt und der Beherrschung der Natur einen Punkt der Entwicklung erreicht hat, wo unser aller Aufkommen ernsthaft gefährdet ist; und zweitens auf das Versagen einer Philosophie mit wissenschaftlichen Ansprüchen hinwies, die den Sinn der ganzen menschlichen Geschichte durch die Machtausübung eben des revolutionären Subjekts verändern wollte.[13] Letztere Anmaßung hat durch den plötzlichen Zusammenbruch der Befehlsstrukturen im „real existierenden Sozialismus" blitzartig ihre Überzeugungskraft verloren. Die Schlacht der Überzeugungsarten im politischen Diskurs zwischen klugem Zynismus und blankem Ideologismus wandte sich zugunsten des ersteren, was mich veranlaßt, diese unterschiedlichen Diskurse aus der Nähe zu betrachten.

Während in einer parlamentarischen Demokratie die Kunst des Überzeugens durch das *Gefallen* einer Mehrheit innerhalb einer Doppelmasse gekennzeichnet ist, schien in proletarischen Diktaturen die langsame Masse durch an die *Vernunft* gerichtete wissenschaftliche Argumente überzeugt zu sein. „Die Kunst zu überzeugen", meint Pascal, „steht notwendig mit der Art und Weise in Beziehung, wie Menschen einer Sache, die man ihnen vorträgt, zustimmen, und dann mit der Eigenart dessen, was man glauben machen will."

Der politische Diskurs der Führer der Volksdemokratien erhob vor den Massen den Anspruch, sie nur wissenschaftlich bewiesenen Wahrheiten zustimmen zu lassen. In der parlamentarischen Demokratie dringt man durch das immer vollkommenere Vermessen ihrer Launen und Neigungen in die Massen ein, ohne sich über den „Wahrheitsgehalt" des Diskurses große Überlegungen zu machen. Wahr ist, was die Mehrheit bestimmt. Dagegen stützte sich der dialektische Materialismus auf „natürliche historische Wahrheiten" wie den Klassenkampf sowie auf besondere Axiome, die aus dem elementaren Widerspruch zwischen produktiven Kräften und produktiven Verhältnissen entsprangen, und die man aus einem proletarischen Klassenbewußtsein heraus als richtig erkennen mußte. Aus denselben Prinzipien der Geschichte erklärte man die Unfähigkeit, sie als wahr anzunehmen. Ein theoretisches Konstrukt, das die Gesamtheit der Ereignisse der Geschichte und der Natur zu subsumieren trachtete, fungierte als „wissenschaftliches" Fundament des Diskurses sozialistischer Politiker. Was für ihr Handeln gedacht wurde, herrschte nur in den Köpfen der Marxschen Nachfolger. Das Versagen Marxscher Voraussagen bezüglich der zukünftigen Entwicklung der Gesellschaft führte zu einer Politik, die auf dem prophetischen Element des dialektischen Materialismus beharrte, worin die Vernunft als leeres Kalkül der anerkannten Axiome verblieb. Ereignisse, die man in die „Naturgeschichte" der Menschheit nicht hineinpressen konnte, ließ man als marginal beiseite; man unterdrückte, zermalmte und tötete Menschen, die aus Mangel an „Klassenbewußtsein" die vorgegebene soziale Richtung nicht erkannten.

Vergangenheit und Gegenwart waren Zeichen der zustandekommenden, vorausgesagten Zukunft. Man vermied mit Verachtung den Diskurs, der sich ständig den Mannigfaltigkeiten der Ereignisse und der Unbeständigkeit unserer Launen und unseres Gefallens anzupassen versuchte. Man nahm nur das wahr, was in irgendeiner Weise schon in den klassischen Schriften determiniert war. Um Neues zu beschreiben, versagten die Sinne und mangelte es an Worten. Sogar entfernte Traditionen mußten in dialektisch-materialistischer „Übersetzung" dargestellt werden. Die ganze politische Energie investierte man in das Wahnvorhaben, eigene und entfernte Kulturräume in die Bahnen der Theorie zu zwängen.

Eine Art roher „geometrischer Geist" beherrschte den materialistischen Diskurs, wobei die unbeweisbaren Axiome – soweit ein Marxist die Unbeweisbarkeit seiner Grundbegriffe akzeptieren konnte – in der Praxis des bewußten Proletariats zu erkennen waren. Aus diesen Axiomen leitete man alle Aussagen über den gegenwärtigen und zukünftigen Verlauf der Ereignisse ab. Sollten die Ereignisse in eine andere Richtung verlaufen – was stets geschah –, erklärte man nicht etwa die dialektischen Prämissen als falsch und unnütz, sondern glaubte, im Kalkül einen Irrtum begangen zu haben, oder – was öfter der Fall war – erklärte die nicht zu subsumierenden Ereignisse als unwesentlich. Noch heute kann man ihr Erstaunen ob der „Unwissenschaftlichkeit" der Ereignisse, der „Irrationalität" der Geschichte beobachten. Spontan zu urteilen war nicht nur verspottet, sondern auch gefährlich.

Obzwar das spontane Urteil auch an Universitäten und „wissenschaftlichen" Einrichtungen der parlamentarischen Demokratien keinen Platz findet, wird hier der Wert eines politischen Diskurses nicht am „Wahrheitsgehalt" gemessen, sondern am effektiven Ansporn zu Handlungen in der Masse und von Massen. Der Rhythmus des Überzeugungsdrangs wird durch die Wahltermine bestimmt. Die Worte, die demokratische Politiker aussprechen, sind nicht solche, um die Welt zu beschreiben, sondern sie dienen dazu, ein effektives Einwirken auf die Doppelmasse zu gewährleisten. Aus der Doppelmasse der parlamentarischen Demokratie entsteht ein politischer Diskurs, der in seiner Bemühung, eine Wirkung in der Masse zu gewährleisten, die Dimension der Wahrheit vernachlässigt.

Besatzung und soziopolitische Schichtung durch innere Vorgänge brachten in Osteuropa die Macht in die Hände der Träger einer einzigen bestimmenden Ideologie. Angebliche oder tatsächliche Gegner wurden Jahre hindurch existentiell eliminiert oder ermordet. Nur wenige konnten ihre durch ständig empfangene Befehle gehäuften Stacheln an politisch Tieferstehende entladen. Für die Mehrheit, die nur da zu sein schien, um Befehle entgegenzunehmen, war eine derartige Entladung der gespeicherten Stacheln unmöglich. Die lange bestehende politische Elite, die sich auf die theoretische Überzeugung einer fortschreitenden Geschichte bis hin zum endgültigen Sieg des Proletariats und auf militärische Gewalt stützte, setzte ihr weltweites Ziel immer ferner, ihre Botschaften wurden immer gestaltloser, ihre unterstützenden Massen immer langsamer.

Der politische Diskurs der an die Macht gelangten kommunistischen Elite verlangte Befehlsstrukturen, die die Massen, die laut Definition die Macht ausübten, verlangsamten. Je ferner und unerreichbarer das kommunistische Ziel erschien, desto langsamer wurden die Massen ausgerichtet. „Zur *langsamen* Masse gehört die *Ferne* des Ziels", schreibt Canetti. In solchen Massen bewegt man sich „mit großer Beharrlichkeit auf ein Ziel hin, das unverrückbar ist, und bleibt unterwegs auf alle Fälle zusammen. Der Weg ist weit, die Hindernisse unbekannt, Gefahren drohen von allen Seiten. Eine Entladung ist nicht erlaubt, bevor man das Ziel erreicht hat."[14]

Die langsame Masse, die sich zu der durch Vernunft und Wissenschaft gewonnenen Geschichtsauffassung bekannte, verlangte ständig individuelle Opfer – entweder aus den Reihen des Feindes oder lieber noch aus der eigenen Gefolgschaft. Das Opfer sollte, in einer Art rituellen Vorstellung, seine eigene Schuld aus der dialektischen Wissenschaft heraus von selbst erkennen. Die Angst, selber als Opfer erwählt zu werden, diente als Regulativ zur Anpassungsfreudigkeit der Massen und auch der Elite. Man fürchtete nicht nur, daß die Macht einen mit furchtbarer Gewalt zermalmte und tötete, sondern auch – was in den Reihen der „Geschichtswissenschaftler" nicht geringzuschätzen war –, von den Befehlsstrukturen der Partei außerhalb des geschichtlichen Stroms gestellt zu werden. Rudolf Herrnstadt schreibt über seine Ängste vor seinem Parteiausschluß: „Eine tiefe Angst packte mich, wenn ich mir vorzustellen versuchte, daß von morgen oder übermorgen an die Arbeiterklasse mir feindlich gegenüberstehen würde, daß für mich keine DDR mehr würde existieren dürfen, kein Mitdenkendürfen, keine Freundschaft zu alten Genossen."

Gewiß berührt uns das Schicksal von Herrnstadt nicht. Es gab in den sozialistischen Ländern Zeiten, wo die Zahl der Opfer so gewaltig war, daß ihre Ermordung den Charakter von Massakern annahm, verleugnet von den Verantwortlichen im Osten wie von den Unterstützern im Westen. Die ständige, allgemeine und gegenseitige Bespitzelung der Bürger widerspiegelte den Drang der langsamen Masse, den bösen anderen in rituellen Verrichtungen zu opfern. Diese Verrichtungen sollten der „gerechten Verteilung der Produktivität und ihrer Vermehrung" zugute kommen.

Das Ziel war bekannt, die Etappen in großen Zügen beschrieben, unendlich schienen nur die Formen, in die sich die Feinde verstellten. Faschisten, Trotzkisten, Anarchisten, Pornographen und nicht zuletzt Juden wollte man durch Gefängnisse zähmen und durch Mauern fernhalten. Durch das „Sich-bedroht-Fühlen" und das „Bewußthalten des äußeren Feindes" versuchten die proletarischen Führer, die langsame Masse der Arbeiter und Bauern zusammenzuhalten. Führer, die den Glauben an das historische Ziel retablieren konnten, wurden seltener, der Diskurs unglaubwürdiger. Das globale Wachstum der langsamen Masse und ihr Glaube an eine mögliche Entladung bei Erreichung des Endziels aber waren die Voraussetzungen ihres Zusammenhalts und Garanten gegen ihren Zerfall. Canetti paraphrasierend kann man behaupten, daß der Zerfall der langsamen Masse des Marxismus in dem Augenblick eingesetzt hat, da der Glaube an das Endziel der Geschichte sich zu zersetzen begann. Diese Zersetzung geschah in dem Moment, wo eine Konsumgesellschaft durch die Medien massenhaft eine halluzinatorische Entladung listig und tagtäglich anbot. Der materialistische Diskurs konnte das Neue der elektronischen Medien nicht einbeziehen, immer mehr Ereignisse blieben unangefaßt, das dialektische Konstrukt war immer unfähiger, die Welt zu erfassen, was im Endeffekt die Vermehrung der Produktivität schwer belastete, nur eine angeblich gerechte Verteilung „rechtfertigte" – bis zuletzt die Regierungen in Unrecht und Willkür verblieben.

Es scheint, daß man sich in den neuen demokratischen Ländern immer weniger auf den „esprit de finesse" der reichen Nachbarn verläßt. Mit Recht hat man das bisherige gesellschaftliche Ziel als nichtig erklärt und betritt nun zwanghaft einen unbekannten Weg, den man hochmütig als Weg nach Europa bezeichnet. Die neuen Demokratien sind ganz Richtung geworden. Man behauptet, daß das, was man weggeschoben hat, uneuropäische

Auswüchse seien. Dem Staatssozialismus und politischen Faschismus setzt man den Begriff Europa entgegen, wobei man willkürlich gewichtige Bestandteile der europäischen Geschichte, die man ständig vor Augen haben sollte, wieder einmal beiseite legt. Um die Lust, abzuurteilen, zu erhalten, nimmt und verziert man „Europa" als Synonym für Aufklärung, Demokratie und Menschenrechte. Aus einem geographischen Begriff wird, ohne eine Kontinuitätslösung, ein ideologischer. Die Reichsten dieses Kontinents entscheiden, wer ein Europäer ist und wer nicht dazugehört. Man nimmt dabei an, daß erstere die besseren Menschen sind. Die „Geringeren" – Rumänen, Bulgaren, Serben usw. – hätten sich zu entscheiden, ob sie Europäer sein wollen, die Reichsten werden entscheiden, ob sie es sein dürfen. Einige Auserwählte werden sodann zur Gruppe der „Guten" – des römisch-katholisch-demokratischen Europas – gehören, eine Vielzahl von „Schlechten" wird dem vereinten Europa entgegenstehen. Die Anlässe, von denen eine gegenseitige Erhitzung abhängt, werden leicht eintreten, weil man ihren Gefahren gegenüber nicht wach ist: „Die Grenzen der Guten sind dann genau abgesteckt", schreibt Canetti, „und wehe dem Schlechten, der sie überschreitet. Er hat bei den Guten nichts zu suchen und muß vernichtet werden."[15]

Die Theorie des Befehls bei Canetti ist korrelativ zu seiner Theorie der Macht und zu der der Masse. In diesen Thesen zeigt er, was weitgehend hinter der Fassade der Gesellschaft verhüllt bleibt, daß nämlich hinter allen sozial gebilligten und geforderten Verhaltensweisen die Drohung der Vernichtung steht, daß die Substanz des Überlebens und damit jede der gesellschaftlichen Ordnung die Todesdrohung ist. Durch die Formulierung der Theorie des Befehls bei Canetti wird die furchtbare Verschränkung von Machtausübung und Tod recht offensichtlich: „Es werden Befehle erteilt, ohne daß Menschen vielleicht sich dessen bewußt werden, daß sie damit eine Todesdrohung mitempfangen. Aber wie immer Befehle gegeben werden, diese Todesdrohung steht dahinter. Und durch die Vollstrekkung von Todesurteilen, wie man sie in den meisten Gesellschaften gewöhnt ist, wird dem Befehl immer seine Furchtbarkeit zurückgegeben. Man warnt, wenn du oder ihr nicht das tut, was man von euch verlangt, dann wird eben das geschehen, was in dieser Hinrichtung sich vor euch abspielt."[16]

Vier Tage lang haben wir nun versucht, uns mit der akutesten Problematik der Wechselbeziehung zwischen Masse und Macht auseinanderzusetzen, nämlich welche Form der Einheit diese zwei Pole von kontradiktorischer Realität subsumieren könnte. Auf der einen Seite steht jemand, der Befehle erteilt, auf der anderen die vielen, welche die Befehle empfangen und ausführen.

Seit Canettis „Masse und Macht" wissen wir nun, daß Menschen, die unter Befehl handeln, keinen Sinn für ihre Verantwortung besitzen. Und daß sie beim Rückblick auf ihre fürchterlichen Taten diese als „pflichterfüllende" Handlungen bewerten, sich nicht an Details erinnern können, ja daß sie sich gar nicht bewußt sind, daß sie lügen. Die Schädlichkeit und Gefährlichkeit solcher Personen ist evident. Gesellt sich zu diesem Charakterbild nun noch eine allgemein und besonders dürftige Seele – wobei dürftige Seelen immer dem vorsprachlichen Ursprung des Befehls, d. h. dem Todesbefehl ausgesetzt sind –, so ist die Gefahr groß, daß Schutzwälle gegen lebensverachtende Systeme brechen und sich Massenmörder wieder als Volkshelden feiern lassen. Daß selbst in diesem Staat Personen unter ihrer Vergeßlichkeit leiden – und wir mit Ihnen –, darüber ist wohl kein zusätzliches Wort zu verlieren.

In diesem Sinne ist es mehr als gerechtfertigt, mit dem Todverächter Canetti diesen Todesbeschönigern *ständig* die Gegnerschaft anzukündigen, da sie mit einer scheinbar naturgesetzlich geschaffenen Verläßlichkeit des Todes möglichst große – wenn nicht totale – Verfügbarkeit über die Menschen zu gewinnen trachten. Dieses jährliche Symposion sollte die Machtausüber und -anstreber dort zu durchschauen versuchen, wo sie sich am *natürlichsten* und deshalb auch am unverschämtesten geben, nämlich bei ihrer gefährlichen, sich steigernden Passion, Befehle zu erteilen. Es gilt, Mittel und Wege zu finden – so es sie gibt –, dieser lebensverachtenden Leidenschaft beizukommen.

Anmerkungen

1 Ludwig Wittgenstein: „Philosophische Untersuchungen", Frankfurt am Main 1984, § 345
2 Siehe ebd. § 206, auch Wittgensteins „Bemerkungen über die Philosophie der Psychologie", Frankfurt am Main 1984, §§ 163, 384, 385, 668, 956
3 Elias Canetti: „Masse und Macht", S. 335
4 Ebd., S. 337
5 Ebd., S. 337f.
6 Ebd., S. 338
7 Ebd., S. 343
8 Ebd., S. 344
9 Ebd., S. 345
10 Ebd., S. 54
11 Elias Canetti: „Hitler, nach Speer", in „Das Gewissen der Worte", Frankfurt am Main 1981, S. 176
12 Ebd.
13 Siehe meine Dissertation: „Begriff der Macht bei Elias Canetti", Wien 1984
14 „Masse und Macht", S. 38
15 Ebd., S. 333
16 Elias Canetti: „Gespräch mit Theodor W. Adorno", in „Die gespaltene Zukunft", München 1977, S. 90

Machtverfall

Karl Markus Michel

Ich möchte im Geiste Elias Canettis oder, bescheidener gesagt, auf den Spuren von *Masse und Macht* einer Frage nachgehen, die in diesem Werk nicht thematisiert wird, aber implizit stets gegenwärtig ist: Machtverfall. Auch in der europäischen Überlieferung begegnet uns dieses Schwinden überall: Wo Macht ist, gibt es Machtverlust; nur Gott soll ewig und allmächtig sein, alles Irdische muß hinab.

Das Thema wird kräftig intoniert im XV. Buch der *Metamorphosen*: „Sic tempora verti / Cernimus ..." – „Wir sehen es ja selber, / Wie sich die Zeiten verändern, wie dort ein Volk sich zu neuen / Kräften erhebt, wie ein anderes stürzt ..." (XV, 420 ff.) Zuerst stürzte Troja. Dann fielen Sparta, Mykene, Theben, Athen. Was sind sie noch *nisi omen* (430), fragt Ovid. Aber immerhin: der Name als Künder einstigen Ruhms, vergangener Macht! Rund hundert Jahre später gab Plinius d. J. einem Freund, der zum Statthalter der Provinz Achaia bestellt worden war, gute Ratschläge für sein Amt in Sparta, Korinth, Athen: „Verehre die Gottheiten, die die Gründer dieser Städte sind ... Bezeige Deine Ehrfurcht dem alten Ruhm und vornehmlich dem hohen Alter, das bei Menschen ehrwürdig, bei Städten heilig ist!" (ep. VIII, 24)

Jede Polis führte ihre Existenz auf einen Gott oder Halbgott zurück und bezog aus diesem Gründungsmythos ihre Identität. Die Vorstellung der politischen Identität, die vielleicht sogar älter ist als die der persönlichen Identität, steht auch hinter dem Topos von der Stadt oder dem Staat als menschlichem Körper mit Haupt, Gliedern und Bauch, der seit der Antike die politische Theorie infiziert. Die Polis als Persönlichkeit von eines Gottes oder Heros Gnaden – wie erklärt sich dann ihr Sturz, ihr Ruin? Gab es eine höhere Macht als beispielsweise Athena, einen Stärkeren als Herakles? Ja. Tyche war mächtiger. Mit dem Kult der Tyche, der im 4. Jahrhundert v. Chr. begann und sich in der hellenistischen Epoche stark verbreitete, brach eine *geschichtliche Zeit* in den *mythischen Raum* ein. Tyche, eine ursprünglich günstige Macht, wurde zur Personifikation des sinnlos waltenden Schicksals. Da lag es nahe, gerade Tyche zur Schutzgöttin der Stadt zu küren. Man setzte ihr die örtliche Mauerkrone auf. Aber was half es, wenn die bösen Nachbarn es ebenso machten? Bald opferten ihr alle. Sie jedoch ließ sich an keinem Ort nieder. Tyche auf ihrer Kugel war vielleicht die erste universelle Gottheit der antiken Welt. Zumindest hatten die Griechen, nachdem sie unter die römische Herrschaft geraten waren, keinen Zweifel mehr daran, daß Tyche, wie Pausanias sagte, „die größte von den Göttern ist in den menschlichen Dingen und die meiste Macht hat." (IV, 30) Sie ließ sich nicht binden, von keinem bestechen. Ihre Kugel rollte.

Warum aber rollte sie nicht, was Rom betraf? Den Griechen kam es so vor, als sei die unbeständige Göttin, in Rom angekommen, von ihrer Kugel gestiegen und habe ihren Thron am Tiber aufgeschlagen. Daraus schöpften sie auch Trost: ihr eigener Niedergang war eben Fatum, von den Göttern verhängt. Einer der ihren nahm ihnen diesen Trost: Polybios, der die Unterwerfung seines Vaterlandes mit ansehen mußte und dann Zeuge ward, wie der jüngere Scipio, dieser „Günstling der Tyche“, im Jahre 146 v. Chr. Karthago auslöschte. Polybios also klärte die Griechen geschichtsphilosophisch auf: Gewiß, sagte er, Tyche hat „dem gesamten politischen Geschehen in der Welt die Richtung auf einen Punkt hin gegeben und alles gezwungen, sich auf ein und dasselbe Ziel hinzuwenden“ (I, 4), aber das ist keine „Augenblickslaune der Tyche“, wie es das „plötzliche Aufleuchten“ von Athen und Theben war (VI, 43) – es ist das Verdienst der Römer, ihrer Sitten, ihrer Gesetze, ihrer Frömmigkeit. „Was bei anderen Völkern ein Vorwurf ist“, erläutert Polybios, „eben dies scheint die Grundlage des römischen Staates zu bilden: eine beinahe abergläubische Götterfurcht.“

Wir sehen: Tyche, die römische Fortuna, ist der Hegelsche Weltgeist, der Weltgeist auf der Kugel. Fast überflüssig zu sagen, daß es in Rom keinen wirklichen Fortuna-Kult gab. Rom selbst war ja Fortuna, war (mit Hegel zu reden) das „blinde Schicksal“, das „zertrümmernde Schicksal“ der damals bekannten Welt. Die Kugel bedeutete jetzt den Globus, das römische Weltreich, über dem Fortuna freundlich schwebte. Aber nicht ewig. In Wahrheit war bereits der Untergang Karthagos, der berühmteste unserer Überlieferung, ein Menetekel des Untergangs von Rom, der sich über Jahrhunderte hinzog, aber damals schon prophezeit worden ist, zum Beispiel vom Pontifex Maximus Scipio Nasica, der den Ceterocenseo-Cato von der völligen Vernichtung Karthagos hatte abbringen wollen, weil nach der Beseitigung dieses großen Schreckens in Rom der Untergang der Virtus beginne; wie es dann auch geschah.

Machtverfall: Vor eineinhalb Jahren wurden wir alle Zeugen eines Ruins, den unmittelbar vor seinem Eintritt niemand vorhergesehen oder gar angekündigt hatte. Darin unterscheidet sich der Machtkollaps in den Ländern des realen Sozialismus von dem historischen Muster des Machtverfalls, das zum historischen wohl nur werden konnte, weil es ein mythisches war, von dem das Erleben geprägt wurde. Ich möchte das an einigen Beispielen illustrieren.

Fall 1

„Oh, allmächtige Götter, in deren Händen die Macht über Leben und Tod aller Sterblichen liegt: Wie könnt ihr es zulassen, daß nach so vielen mächtigen Herrschern es *mein* Los sein soll, Zeuge der furchtbaren Zerstörung Mexikos zu sein ... Was soll ich tun? Wo soll ich mich verbergen? Wo kann ich Schutz suchen? O könnte ich zu Stein werden, oder zu Holz, oder zu irgendeinem Ding, bevor ich erleben muß, was ich nun mit soviel Angst und Schrecken erwarte.“

Moctezuma, der stolze Herrscher der Azteken, zitterte schon zehn Jahre vor der Ankunft der Spanier. Ein Komet war am Himmel erschienen und hatte die Nacht zum Tage gemacht – ein Vorzeichen gräßlicher Katastrophen, wie der Magier Nezahualpilli wußte. Dann war der Tempel der Göttin Toci abgebrannt – eine Ankündigung des Jüngsten Gerichts, wie jetzt auch Moctezuma ahnte. Es nutzte ihm nichts, seine Astrologen, Wahrsager, Magier töten zu lassen, sei's für ihre Deutungen, sei's für ihr Schweigen – die bösen Omina folgten immer dichter aufeinander, man erwartete nur Untergang und Vernichtung.

Dann kam ein Bauer von der Halbinsel Yucatán und berichtete von einem großen Berg, der sich im Meer bewegt habe (vermutlich das erste spanische Schiff, das die Mexikaner gesichtet hatten). Er wurde in den Kerker geworfen. Aber bald kamen andere Boten, die mehr gesehen hatten: Cortés war 1519 an Land gegangen mit 508 Mann, 16 Pferden und einer Kanone. Die Azteken glaubten ihren Priestern und Weisen: das sind die Götter, die zurückkehren – sie empfingen sie voll Furcht. Ungeheuerliches drang an Moctezumas Ohren: über die weißen Gesichter der Götter (der Spanier), über monströse Wesen (die Reiter) und eine Donnermaschine (die Kanone). Der mächtige Herrscher verfiel in Panik und dann in Resignation. „Er tat", schreibt Sahagún in seiner Chronik, „nichts anderes mehr, als sich mit allem abzufinden. Schließlich nahm er sich zusammen, zog sich in sich selbst zurück und machte sich bereit, was auch immer kommen mochte, zu empfangen und zu bewundern." So nahm das Verhängnis seinen Lauf.

Dieser Untergang ist *gnoseogen*: er kommt aus dem Geist, aus dem Wahn. Es ist das Urmuster des Machtruins. Zugegeben: der Geist schafft es nicht allein, er braucht Anhänger, die glauben, was er verheißt. Zugegeben ferner, daß Untergänge ganz ohne geistige Assistenz eintreten können, etwa durch ein Erdbeben, einen Eroberer, einen GAU. Solche „äußeren" Ereignisse spielen auch bei den gnoseogenen Untergängen mit, aber eher zufällig und auswechselbar. Es ist denkbar, daß das Aztekenreich auch ohne die Ankunft der Spanier und die durch sie verbreitete Epidemie zusammengebrochen wäre, aber kaum, daß dieses große und kriegerische Volk nicht hätte in der Lage sein sollen, 500 Spanier samt 16 Pferden und einer Kanone ins Meer zu werfen, wenn es bei Sinnen gewesen wäre.

Betrachten wir den gnoseogenen Fall aus der Perspektive der Sieger. Scipio, der Karthago-Bezwinger, um ihn nochmals zu bemühen, „wußte (laut Polybios) bei der Menge immer die Vorstellung zu erwecken, als gingen seine Entschlüsse auf göttliche Eingebung zurück, um seine Untergebenen in der Gefahr mutiger und einsatzbereiter zu machen." (X, 2) Auch der Sieg ist gnoseogen! Natürlich: Gott kämpft mit uns, unsere Sache ist gerecht, unser Krieg ist heilig – womit sich zugleich die Niederlage der Feinde erklärt. Für diese mytho-historische Erfahrung kenne ich keinen trefflicheren Beleg als den von Livius überlieferten Brauch der *evocatio*, der Abwerbung der von den Feinden verehrten Götter.

Fall 2

Zehn Jahre hatten die Römer die etruskische Stadt Veji belagert, ohne sie einnehmen zu können. Jetzt endlich – im Jahre 369 v. Chr. – war sie sturmreif, dank List und Verrat. Im Livius Buch IV, Kapitel 21 lesen wir: „Die Vejenter wußten nicht, daß eigene Propheten und fremde Orakel sie schon verraten hatten, daß Götter schon geladen waren, an ihrer Beute teilzunehmen, daß andere Gottheiten, ihrer Stadt durch Versprechungen abgeworben, schon nach Tempeln bei den Feinden und neuen Sitzen verlangten." (À part gesagt: Wem diese Abwerbung von Göttern sagenhaft erscheint, der sollte bedenken, daß man in späteren Zeiten ähnlich verfuhr, indem man berühmte Gelehrte abwarb: *evocatio* heißt Berufung. Heute werden eher Fußballer und Intendanten abgeworben, *unsere* Götter. Zurück nach Veji!) Die Römer hatten nämlich unter der Stadtmauer einen Stollen gegraben, der bis in den Tempel der Juno auf der Burg von Veji reichte. So konnten sie zuerst mit der Göttin geheime Verhandlungen führen und dann die Stadt überrumpeln. Nachdem Veji erobert und geplündert war, ging man daran, die Götter hinauszutragen. „Dies geschah aber mit der nötigen Verehrung, nicht als Raub", versichert Livius (c 22). Als die vornehmsten Jünglinge des römischen Heeres, frisch gebadet und „in heiliger Scheu“ den Tempel der Juno betraten, fragte einer die Göttin: „Vis venire Romam?“ Die anderen riefen, sie habe genickt, und war nicht auch ein Ja zu hören, *ita est?* Juno wollte nach Rom. Sie ließ sich willig überführen auf den Aventin, „ihren ewigen Wohnsitz“ – naja. (Schon zehn Jahre später, als die Gallier Rom eroberten, half Juno nicht. Aber die Gänse der Juno haben wenigstens das Kapitol gerettet.)

Der Fall Vejis bezeugt: wenn eine Stadt, ein Staat, ein Fürst, ein Vorsitzender von ihren Göttern, ihren guten Geistern verlassen sind, verlieren sie ihre Macht. *Wann* das geschehen wird, ist schwer vorauszusagen, es sei denn, man kommuniziert mit den betreffenden Göttern oder Geistern. Seit alters gibt es dafür einen besonderen Berufsstand: Totenbeschwörer, Propheten, Politologen, sie sitzen auf Dreifüßen oder Lehrstühlen und haben zur Stammutter Kassandra oder die Hexe von En-Dor, jene, an die König Saul sich wandte in seiner Not, damit sie den Geist des Samuel beschwöre, und siehe, er kam und verkündete Saul, daß der Herr sich von ihm abgewandt und das Königreich David gegeben habe (1. Sam. 28). Folglich gilt im Abendland: kein Machtverfall ohne Vorzeichen und Vorhersagen. Ich möchte diese Prophezeiungen durchaus ernst nehmen, wohl wissend, daß die Welt bisweilen von Kassandrarufen und Jeremiaden nur so widerhallt und daß diese Weissagungen in der Regel erst dann glaubwürdig werden, wenn sie, was ja vorkommt, eingetroffen sind, also wenn es zu spät ist. Und es mag auch sein, daß die Trefferquote solcher Vorhersagen sich im Rahmen der statistischen Wahrscheinlichkeit hält. Dennoch läßt sich nicht ausschließen, daß es jenen Hyäneninstinkt für Absterbendes gibt, den Bismarck dem Grafen Holstein, der grauen Eminenz am Berliner Hof, nachgesagt hat.

Aber all das fällt nicht ins Gewicht neben der mytho-historischen Tatsache, daß jeder irdischen Herrschaft ihr Verfallsdatum eingezeichnet ist: in Hieroglyphen, die wir Beherrschten zu entziffern suchen, mit jeweils anderem Ergebnis, denn das Problem ist der genaue Termin, und nur wenn ein hinreichender Konsens darüber besteht, daß *jetzt* die Zeit des Verfalls gekommen ist, wird der Verfall geschehen.

„Bis hierher, Friedland, und nicht weiter! sagt / Die Schicksalsgöttin … “ In Wahrheit sagen das die Buttlers und Gordons, nämlich in Schillers *Wallenstein*, der übrigens alle abendländischen Topoi der Fatalität versammelt, von Theklas früher Ahnung: „Es geht ein finstrer Geist durch unser Haus, / Und schleunig will das Schicksal mit uns enden“ über Wallensteins Verblendung: „… eine neue Ordnung / Der Dinge führt sich ein – Ihr saht doch jüngst / Am Himmel die drei Monde?“ bis zu Senis verspäteter Erkenntnis: „Die Zeichen stehen grauenhaft, nah, nahe / Umgeben dich die Netze des Verderbens.“

Hier ist nun nicht mehr von der hinfälligen Macht einer Polis oder der eines Staates die Rede, sondern von einem Individuum, das, auf welche Weise auch immer, nach der Macht greift, um sie bei Lebzeiten nicht mehr abzugeben. Und damit kommen die Beherrschten ins Spiel, die Untertanen. Sie trösten sich mit Weisheiten wie „Wo große Höh', ist große Tiefe“ (*Wallenstein*), aber manchmal muß man der Nemesis auch unter die Arme greifen. Die Griechen lösten das Problem durch den Brauch des Tyrannenmords oder des Ostrazismus; die Römer der *res publica* machten es systematischer: Rotation im Patrizierklüngel, jährlicher Wechsel der Konsuln, die Diktatoren hatten noch weniger Zeit, sich beliebt zu machen. Trotzdem verrottete die Republik. Es kam die Zeit der Cäsaren, des Herrscherkults, in der die persönliche Macht bis zur göttlichen Willkür gesteigert wurde und deshalb eine verderbliche Ware war. Glaubte man wirklich, der Herrscher sei ein Gott? Darauf antwortete unlängst Paul Veyne (*Brot und Spiele*, S. 463) sehr schlicht: „Niemand … hat je geglaubt, sein Herrscher sei ein Gott. Er glaubte dies schon deshalb nicht, weil er wußte, daß der Souverän sterben würde …" Die Frage war nur: Wann? So entstand das politische Problem, statt der Befugnisse des Herrschers seine Lebenszeit zu beschneiden. Nun, statistisch gesehen betrug die Lebenserwartung eines römischen Kaisers am Tag seiner Thronbesteigung weniger als vier Jahre und die der Soldatenkaiser sogar nur eines. In den vierhundert Jahren bis zur Teilung des Reichs dauerte also die Regierungszeit eines Kaisers im Schnitt knapp so lange wie üblicherweise eine Wahlperiode in der parlamentarischen Demokratie, und vielleicht ist das der Grund, weshalb die modernen Gesetzgeber, als sie den Machtverfall institutionalisierten, sich für eine vierjährige Regierungszeit entschieden. Sie haben weise entschieden: wir mögen unsere Kaiser und Kanzler nicht länger lieben. Die bisherigen amerikanischen Präsidenten, vierzig an der Zahl, durften, trotz der Möglichkeit einmaliger Wiederwahl, im Schnitt nur fünf Jahre im Weißen Haus verweilen – ein schönes Ergebnis, das fast ohne Blutvergießen erzielt worden ist. Und dennoch bescheiden, vergleicht man es mit den Leistungen der Italiener in neuerer Zeit: ihre Kabinette haben eine Lebenserwartung, die noch unter jener der Soldatenkaiser liegt, ein knappes Jahr, und dies offenbar ohne Nachhilfe mit Dolch und Gift. Ganz anders im alten Rom. Unter den dortigen Bedingungen mußte man wahrlich ein Gott sein, um ruhig auf seinem Thron sitzen zu können. Nehmen wir als Beispiel Domitian (81 – 96), der die imperiale Formel „Wir, Herr und Gott" eingeführt hat und wirklich ein Überlebenskünstler gewesen sein muß, mit fünfzehn Regierungsjahren!

Fall 3

Am Tag seiner Ermordung versicherte er seiner Umgebung, morgen werde sich der Mond im Wassermann mit Blut beflecken und eine Tat geschehen, von der die Menschen auf dem ganzen Erdkreis reden würden. Der Augur, den er am nächsten Morgen wegen eines Blitzes befragte, sagte einen Regierungswechsel voraus und wurde deshalb hingerichtet. Dabei war der Kaiser zu Anfang seiner Regierung noch großmütig gewesen, hatte sich täglich eine Stunde in seinem Kabinett eingeschlossen, um Fliegen zu fangen und an einem Schreibgriffel aufzuspießen, hatte das Volk durch *panem et circenses* erfreut und die Soldaten durch ein Drittel mehr Sold bestochen. Auch kümmerte er sich um Recht und Ordnung, wie er sie verstand. Die Senatoren und die Philosophen verfolgte er grausam, die Weinberge wollte er ausrotten lassen.

Immer mehr zog er sich in seinen Palast zurück, „von derselben Furcht, die er einflößte, gefoltert." (Edward Gibbon) Seine Heimtücke und Grausamkeit wuchsen im gleichen Maße wie seine Selbstvergötterung. Er forderte absolute Unterwerfung und lebte in ständiger Angst vor Verschwörungen. Um Geständnisse zu erpressen, erfand er neue Formen der Folter. „Durch solches Betragen ein Gegenstand der Furcht und des Hasses für alle Welt, ward er endlich durch eine Verschwörung seiner nächsten Freunde und Freigelassenen, an der sich auch seine Gattin beteiligte, ermordet." So sagt es Sueton in seiner Biographie Domitians (c 14). Und Philostratos (im *Leben des Apollonios von Tyana*, VIII, 25) berichtet, daß der Kaiser, schwer verwundet, mit dem Attentäter rang. „Als nun die Leibwache wahrnahm, wie übel es mit ihm stand, drangen sie in großer Zahl herein und töteten den Tyrannen, der schon der Ohnmacht nahe war.“ Sueton fügt hinzu, seine Ermordung habe das Volk gleichgültig, das Militär mit Grimm und der Senat mit unverhohlener Freude zur Kenntnis genommen.

Das Skandalon dieses Mordes bestand darin, daß er zu spät geschah, erst im fünfzehnten Jahr der Regierung Domitians. Ansonsten ist sein Fall trivial. Statt Domitian könnte es auch ein anderer Tyrann sein, bis hin zu Hitler, Stalin, Saddam Hussein, bei denen der Skandal freilich noch größer ist: sie wurden *nicht* ermordet; nicht einmal, wie Domitian, von Menschen, die, wenn schon nicht aus Freiheitsliebe, wenigstens aus Eigenliebe zum Dolch griffen.

Die römischen Kaiser und ihre Miniaturausgaben, die italienischen Renaissancefürsten, standen Machiavelli vor Augen, als er, zum Gebrauch der letzteren, den *Principe* und die *Discorsi* schrieb. Machiavellis Lehre des Machterhalts ist, richtig gelesen, eine Lehre des Machtverlusts, nur daraus erklärt sich der schlechte Ruf, den er bis heute genießt: als eine Art Kassandra, der man nicht glaubt. Jedenfalls wird eine seiner Hauptregeln des Machterhalts bis heute sträflich ignoriert: daß ein Souverän, der sich nicht nur gegenüber dem äußeren, sondern auch gegenüber dem inneren Feind auf die Armee verläßt, anstatt das Volk zu gewinnen, früher oder später verloren ist. Im Altertum, sagt er, war es nötiger, die Soldaten zu befriedigen als das Volk, weil sie größere Macht hatten; heute hingegen sollte ein Fürst vor allem das Volk zufriedenstellen, denn es sei mächtiger als jedes Heer. Allerdings: das Volk, die Menge ist „von Natur aus wankelmütig“, man kann sie leicht von etwas überzeugen, aber nur schwer bei dieser Überzeugung festhalten. Darum braucht der Fürst Machtmittel. „Das erfuhr in unseren Tagen Girolamo Savonarola, der bei seinen Neuerungen den Untergang fand, als die Menge aufhörte, an ihn zu glauben, und er kein Mittel hatte, die bisher Gläubigen im Glauben zu halten.“ (c 6) Gleichwohl war dieser „unbewaffnete Prophet“ für vier Jahre der Diktator von Florenz. Warum verlor er seine Macht so schnell?

Fall 4

„Ihr, die Ihr Eure Häuser voll habt mit eitlen Dingen, Statuen und unehrbarem Zeug, mit schamlosen Büchern, dem Morgante und anderen Schriften gegen den Glauben, bringt sie mir, um daraus ein Feuer zu machen und sie Gott zu Ehren zu verbrennen!“ (zit. Warnke, *Bildersturm*, S. 59) Schon seit Jahren hatte der asketische Dominikaner in seinen Bußpredigten nach solchen Scheiterhaufen für die *bruciamenti*, die Eitelkeiten dieser Welt gerufen. Jetzt, im Karneval des Jahres 1497, war es soweit. Auf der Piazza della Signoria wurde ein großes Holzgerüst errichtet und mit den verschiedensten Eitelkeiten beladen, die dann in Flammen aufgingen. Es war ein Volksfest. Aber da befriedigte sich kein entfesselter Pöbel in ikonoklastischem Rausch, nein, es ging alles in schönster Ordnung vor sich, als Augenweide, fast wie bei den *trionfi* von einst, unter den Medici. Eine Art „Kinderpolizei“ hatte in den Häusern der Reichen die Eitelkeiten konfisziert, und diese waren nach Plan aufgeschichtet worden, in sieben Etagen: zuunterst Masken, Kostüme, Perücken; dann die schamlosen und heidnischen Bücher; darüber Toilettenartikel; Musikinstrumente; Spieltische und anderes Spielgerät; und schließlich, überragt vom Satan, Kunstwerke als Inbegriff der humanistischen Kultur, die der Bußprediger als Teufelswerk brandmarkte. Lorenzo de'Medici, „der Prächtige", in dem sich diese Kultur personifizierte, war 1492, von Savonarola noch auf dem Sterbebett geschmäht, verstorben, sein schwächlicher Sohn Pietro war 1494 verjagt worden. Jetzt konnten der fanatische Mönch und seine Anhänger, die Partei der „Heuler" (der übrigens auch Botticelli und Michelangelo nahestanden), durch einen religiösen Staatsstreich die „Diktatur Gottes" in Florenz errichten. Auf das liberale Regiment der Medici folgte das totalitäre des als König eingesetzten Christus und seines Stellvertreters Savonarola. Natürlich im Namen der Freiheit, wie immer, wenn eine Diktatur errichtet wird.

War das Volk von Florenz, vor allem die Kleinbürger, die dem Bußprediger zujubelten, plötzlich fromm geworden, zurückgefallen in mittelalterlichen Glaubenswahn? Ohne Zweifel handelte es sich um eine Reaktion „von unten", die in der asketisch-prophetischen Tradition stand: antiaristokratisch, antihumanistisch, antiintellektuell. Aber der ganze fromme Rummel war auch eine Gegeninszenierung zu den aufwendigen Spektakeln der Medici: Nach dem Triumph des Karnevals jetzt der *trionfo della fede*, nach dem Siegeszug des Bacchus jetzt der von Jesus – Prozessionen, Scheiterhaufen und als Höhepunkt die Verbrennung der Eitelkeiten.

Doch als sie brannten, war der Elan der populär-religiösen Bewegung schon erschlafft. In der Stadt herrschten Krankheit und Not, vor den Toren standen die Franzosen – das Spektakel nutzte dem Mönch nichts mehr, die Partei der Heuler verlor an Einfluß, nachdem Savonarola vom Papst exkommuniziert worden war (1497). Auch die Wiederholung des Scheiterhaufens im folgenden Karneval, am 28. Februar 1498, fanatisierte die Massen nicht nochmals. Ließ sich ein solches Fest der Vernichtung überhaupt wiederholen? Welche Eitelkeiten gab es denn noch zu verbrennen? Ach ja, den Propheten selbst – wie es schon zehn Wochen später geschah, auf eben dem Platz, auf dem er das Teufelszeug hatte verbrennen lassen. Die Diktatur Gottes war schon zu Ende.

Warum schwand Savonarolas Macht? Weil er keine Macht*mittel* besaß, meinte Machiavelli. Aber Savonarolas „Mittel" war sein Wort, seine Predigt, die Propaganda. Insofern war er ein durch und durch moderner Leader, Volkstribun, Demagoge, einer von der Art, die Max Weber „charismatisch" nennt. Die Wirkung eines solchen Führers auf die Massen hält so lange vor, wie er ihnen Angst einflößen kann: Angst vor dem Feind, der nicht näher bestimmt werden muß, weil er das Andere ist, das Böse, und doch mitten unter uns, den Guten. Das Weltbild der Demagogen ist manichäisch, daraus fließt ihre Macht. Noch in seinen letzten Predigten, das berichtet Machiavelli, der sie in San Marco hörte, überhöhte Savonarola den Kampf zwischen ihm und seinen Gegnern zum Kampf zwischen Gott und dem Teufel; da die Medici für die Rolle des Bösen nicht mehr zur Verfügung standen, erfand er einen Tyrannen, der in Florenz aufstehen werde, und als dieser nicht aufstand, als sogar noch im März 1498 die neue Signoria ihm günstig gesinnt war, so daß er von seinen Gegnern in Florenz nichts mehr zu fürchten hatte, da fiel das Volk von ihm ab. Die Beschwörung des Teufels wirkte nicht mehr, der Prophet hatte sein einziges Machtmittel verloren. Er mußte brennen.

Betrachten wir einen ähnlichen Sturz, dreihundert Jahre später, der uns insofern näher steht, als das politische Wort hier säkularisiert ist, die Kanzel eine Tribüne:

Fall 5

Sein Schicksal entschied sich am 20. Prairial des Jahres II, vulgo am 8. Juni 1794. Man beging das Fest des Höchsten Wesens, zu dessen Oberpriester er vom Konvent gewählt worden war. So kam es, daß er immer ein paar Schritte vor den anderen herging in seinem neuen himmelblauen Rock, im fahlen Gesicht ein Strahlen, das manche frösteln ließ. Was bedeutete dieser Auftritt? Alle erwarteten etwas Besonderes von diesem Tag, für den sogar die Guillotine fortgeräumt worden war. Die Sonne schien, Paris quoll über von Blumen, die Bürger kamen in ihren Festgewändern zu den Tuilerien geströmt, aber von der Weiherede des Oberpriesters auf dem riesigen Platz verstand man nicht viel, nur daß das erhoffte Wort „Gnade" nicht fiel, nichts von Versöhnung, statt dessen abermals „Tod den Tyrannen" und „Wir kämpfen weiter". Wogegen denn?

Dann setzt der Zug sich in Bewegung zum Marsfeld, alle Abgeordneten tragen Sträuße aus Ähren und Blumen; er trägt den größten und geht wieder vor den anderen her. Bleiben sie absichtlich zurück? Voller Mißtrauen blickt er sich um und sieht in verschmitzte Gesichter: sie witzeln über ihn, den Hohenpriester der neuen Religion! Seine Züge verfinstern sich. Er betritt den Festhügel, steht oben – allein! Der Spott der anderen schlägt um in Hohn, in Haß, selbst bei den Sansculotten. Will er Diktator sein? Oder Gott? Man erinnert sich an Tarquinius, an Brutus und seinen Dolch. Der da oben vergißt vor Verbitterung, gleich den anderen seinen Kornblumenstrauß in die Luft zu werfen, er trägt ihn wieder nach Hause, verkriecht sich in seinem Zimmer, indes Paris den Tag mit Feuerwerk beschließt.

Wenige Tage später verstärkt sich der Schrecken, der seine Handschrift trägt. Im Monat Messidor sind es täglich dreißig bis sechzig Hinrichtungen. Der hinter ihnen steht, hält sich versteckt. Drei Wochen lang, bis zu Anfang des Monats Thermidor, meidet er die Öffentlichkeit, er arbeitet an seiner großen Rede, die alles klären soll. Als er dann am 8. Thermidor (am 26. Juli) im Konvent auf das Podium steigt, ist die Spannung im überfüllten Saale groß. Er redet lange, spricht – wie immer – viel von den eigenen Leiden und Tugenden, viel auch von einer Verschwörung gegen sich, stößt dunkle Drohungen aus, gegen alle. Namen nennt er nicht. Die Zuhörer bleiben unbewegt. Als er geendet hat, schweigen sie – lange. Er begreift es nicht. Begreift auch nicht, warum die Deputierten nach heftiger Debatte die Publikation seiner Rede ablehnen, sie an die Ausschüsse verweisen, die er doch angeklagt hat. Fürchtet ihn niemand mehr?

(Ich unterbreche hier kurz für einen Zwischen-Fall, ein Gegenbeispiel. Thomas Carlyle, gewiß kein Freund der Französischen Revolution, hat 1837, als er deren Geschichte schrieb, seine dramatisierende Darstellung an dieser Stelle [Bd. II, S. 408 f.] patriotisch illuminiert. „Es gibt", sagt er, „wenige Dinge, die dem Gelingen großer Unternehmungen so verhängnisvoll werden können wie eine Meuterei … Wenn Robespierre noch heute nacht mit [General] Henriot und Compagnie dazwischenfährt, so können er und der Sansculottismus sich noch eine Zeitlang erhalten; wenn nicht, so ist es wahrscheinlich mit ihnen aus. Als im Lager Oliver Cromwells der aufrührerische Sergeant vor die Front trat und anfing, zu gestikulieren und seine Beschwerden vorzutragen als Wortführer von Tausenden, die dort harrten, da erkannte Cromwell mit seinen blitzenden Augen sofort, wie die Sache stand, zog eine Pistole aus dem Gürtel und schoß den Anführer samt dem Aufruhr nieder. Freilich, er war der Mann dazu. Robespierre dagegen …")

Robespierre geht am Abend in den Jakobinerklub, liest dort seine tote Rede nochmals vor und reißt die Versammelten zu Beifallsstürmen hin. Also doch! „Ich bin bereit", so schließt er, „den Becher des Sokrates zu trinken." – „Ich werde ihn mit dir trinken!" ruft der Maler David. „Wir auch, wir alle!" tönt der Saal. Natürlich: sie erkennen einen Feind, sie wollen kämpfen. Bis zum nächsten Mittag werden die Messer gewetzt. Robespierre vertraut auf die Mehrheit, Zentrum und Rechte, mit deren Hilfe er schon Danton gestürzt hat. Aber seine zerstrittenen Gegner vom Berg und der Ebene verbünden sich gegen ihn.

9. Thermidor, High-noon. Saint-Just betritt um 12 Uhr die Tribüne, um seinen angekündigten Bericht zu verlesen. Kaum hat er begonnen, fällt ihm Tallien ins Wort, dann Billaut, immer wieder. Auch Robespierre wird niedergeschrieen, sooft er die Tribüne besteigt. „Nieder mit dem Tyrannen!" Robespierre versucht es von neuem, seine Stimme versagt, Schaum tritt ihm aus dem Mund. „Unseliger", ruft einer vom Berg, „Dantons Blut erstickt dich!" Tallien heizt die Stimmung an: „Wenn der Konvent nicht wagt, den Tyrannen niederzuschlagen, dann wage ich es selbst!" Er zieht den Dolch, ganz Brutus, schwingt ihn durch die Luft. Andere tun es ihm nach. Endlich vom Berg herab die Rufe „Verhaftung!" und „Anklage!". Den himmelblauen Rock, den Robespierre sich zum Fest des Höchsten Wesens hatte schneidern lassen und den er auch an diesem besonderen Tage trägt, wird er nie mehr ausziehen.

Hatte Robespierre Macht? Oder Savonarola? Die Historiker fragen bis heute danach. Manche geben ihren Helden post festum gute Ratschläge, was sie hätten tun müssen, um ihre Macht oder wenigstens das Leben zu behalten. Hätte Savonarola seinen Einfluß institutionalisiert wie ein halbes Jahrhundert später Calvin in Genf! Hätte Robespierre sich spätestens am Fest des Höchsten Wesens zum Diktator küren lassen wie ein halbes Jahrhundert später Louis Bonaparte! Oder besser: Hätte er an diesem Tag zur Versöhnung aufgerufen! Der historische Irrealis treibt immer wieder Blüten, besonders im Falle dessen, was Max Weber „charismatische Herrschaft" nennt, unter die auch Savonarolas apokalyptische und Robespierres terroristische Herrschaft fallen. Aber Charisma hat zwei Pole: Sender und Empfänger. Der Tribun, der Führer, der Despot ist nichts ohne das Volk, das ihn „fühlt". In der gängigen politischen Sprache heißt das „anheizen". Man kann dann, fast rügend, vom „Erkalten der Volksmassen" sprechen und sieht sie förmlich schlottern, die Florentiner Heuler von 1498, die Pariser Sansculotten von 1794. Warum hat Robespierre am 9. Thermidor nicht zu dem bewährten Instrument der Insurrektion gegriffen? Wahrscheinlich weil er spürte: es ist zu spät.

Politologisch gesprochen, gegen Weber: es gibt keine „Veralltäglichung des Charismas". Aber es gibt die Verkuppelung des Charismas mit seinem Gegenpol, der Bürokratie. Diese bürokratisch-charismatische Herrschaft tritt auf als Cäsaropapismus, Byzantinismus, Führer- oder Personenkult und zeichnet sich dadurch aus, daß sie in der Regel nur von außen zu brechen ist. Das Geheimnis dieser Herrschaft hat schon 1864 Maurice Joly enthüllt, in seiner als Totengespräch zwischen Machiavelli und Montesquieu kaschierten Polemik gegen Napoleon III. Machiavelli, in der Rolle des Usurpators, sagt: „So wie ein Peisistratos, ein Caesar, ja auch ein Nero werde ich mich auf das Volk stützen … Das Volk kümmert sich in Wirklichkeit gar nicht um Ihre Erfindung der Loyalität, um Ihre Garantie der Verfassung …" (VIII) Und weiter: „Sehen Sie, die Völker haben nun einmal so eine heimliche Liebe für die genialen Gewaltmenschen …" (IX) Und schließlich: „Ich behaupte nicht, daß man mich achtet, daß man mich liebt, aber ich behaupte, daß man mich verehrt, daß das Volk mich geradezu anbetet, daß ich mir, wenn ich wollte, Altäre errichten lassen könnte ... Wenn ein Unwetter ausbricht, eine Teuerung eintritt, eine Feuersbrunst entsteht, dann eile ich herbei, das Volk wirft sich mir zu Füßen, es würde mich auf den Armen bis in den Himmel tragen, wenn Gott ihm Flügel gäbe."

Montesquieu wirft ein: „Was Sie nicht daran hindern würde, es beim geringsten Anzeichen eines Widerstandes mit Maschinengewehren auseinanderzujagen." – „Das ist richtig", meint Machiavelli, „aber es gibt nun mal keine Liebe ohne Furcht." (XXV)

Jolys Machiavelli weiß, daß die Macht des Despoten dahin ist, wenn die Instrumente versagen, ja, daß sie versagen müssen, wenn das Volk ihn nicht mehr „fühlt"; denn er weiß, daß es im Ernstfall „nur eine einzige Macht gibt: Das Volk." (VIII) Diese Überzeugung entstand durch die Französische Revolution und beeinflußte im 19. Jahrhundert nicht nur die Staatswissenschaft, sondern auch das Staatshandeln im Falle sozialer Unruhen und politischer Revolten; selbst die Stadtplanung zeugt von dem Respekt der Regierungen vor dieser potentiellen Macht, dieser nicht-legitimen Gewalt, als deren Ort die Straße galt. Manchen galt sie sogar als Subjekt dieser Gewalt. Man spricht noch heute vom Druck der Straße, von der Diktatur der Straße, und für Bismarck war es die Berliner „Straßenbevölkerung", die im März 1848 den preußischen Thron zum Wanken brachte.

Fall 6

Zunächst waren es die Nachrichten aus Paris, aus Süddeutschland und Wien, die in Berlin für Erregung sorgten. Die wiederholten Diskussionsveranstaltungen im Tiergarten machten aus Nörglern Redner, aus Rednern Kämpfer. Da war zum Beispiel der Student Paul Boerner, der wenige Jahre später – noch immer von seiner Begeisterung hingerissen – beschrieb, was er erlebt hatte, nämlich wie in der Woche vor dem blutigen Samstag „die Temperatur auf den Siedepunkt gestiegen war". Er schwärmt: „So wuchs die Bewegung riesengroß und schaute zornigen Blicks in die Prachtgemächer des Königlichen Schlosses hinein ..." Am 18. März schließlich gab der König nach: „Der König trat heraus auf den Balkon, um sein Geschenk der wogenden Menge selbst darzubieten ..., den Jubel selbst zu vernehmen, der, wie er meinte, ihm entgegenbrausen mußte. Und unter ihm ein wunderbares Schauspiel! Tausende standen da, Kopf an Kopf, schweigend, und nur immer das Auge auf die Eingangspforte des Königlichen Hauses gerichtet – dort standen die wahren Sendlinge der Revolution, die entarteten Söhne und Brüder, welche auf Kommando wehrlose Bürger niedergeritten, niedergesäbelt, niedergeschossen hatten. Was kümmerten die Massen in diesem Augenblick die königlichen Konzessionen, es waren leere Worte geworden, Phrasen ... Die Leichen der unschuldig Getöteten lagen noch unbeerdigt, die grausame Philosophie des Volkes fühlte instinktmäßig, daß seine erschlagenen Brüder keine Ruhe fänden, ohne gerächt zu werden ... Habt ihr jemals das Murren, das tiefe innerliche Murren eines Volkes gehört? Es liegt eine entsetzlich niederschmetternde Gewalt darin ... Wenn unter Tausenden niemand ein lautes Wort spricht, jeder aber in dumpfem Ingrimm in sich hineinzürnt ..., dann ..." (*Erinnerungen eines Revolutionärs*, S.121 ff.)

Dann genügt der Marschbefehl eines Majors: „Der alte kriegerische Absolutismus warf der Revolution den Fehdehandschuh hin, und diese schüttelte jauchzend ihre Locken."

Nun ja, Boerner liebte eben die Dichter des Vormärz. Er greift zu immer steileren Metaphern, um seine Begeisterung zu kitzeln. Er spricht zum Beispiel, wohl in Anspielung auf damalige elektrophysiologische Experimente, von „elektrischen Strömen", die das Volk erbeben ließen, ganz Berlin habe „seine Physiognomie wie auf einen Schlag verändert". Den Rückzug der Truppen am folgenden Tag erlebt der Barrikadenkämpfer natürlich als Sieg:

„So war das Volk zur Herrschaft gekommen. Wie ein tosendes Meer wälzten sich seine Fluten durch die weiten Straßen ... Wie durch einen geheimnisvollen Zug getrieben, richteten sich alle diese Menschenwellen zum Schloß ... Wieder zeigte sich jene tiefe, grandiose Poesie, die in den Herzen der Männer der Arbeit schlummert, und daß sie fähig sein können, in einzelnen großen Momenten so Tragisches, so Gewaltiges auszuüben, daß unsere Worte nicht hinreichen, es annähernd zu schildern." (S. 172 ff.) Man hatte nämlich, von der Friedrichsstraße her, ein paar von Kugeln oder Bajonetten zerfetzte Arbeiter auf Brettern in den Schloßhof getragen. Die erregte Menge forderte: „Der König!" Sie drohte, ihm die Leichen vor die Tür zu setzen. Als der König endlich kam und sich vor den Toten verneigte, ertönte wieder das „entsetzlich tiefe Murren", Gewehre erhoben sich drohend. „In diesem Augenblick, in welchem alles auf dem Spiele stand, stimmten einzelne Männer die feierliche Weise des frommen Chorals an ‚Jesus meine Zuversicht'. Es war, als löse sich in diesen sanften Klängen der Schmerz, die Leidenschaft der empörten Masse ..." (S.178 f.)

Merkwürdiges Ende einer Revolution! Denn es *war* ihr Ende, fast schon das Präludium der Konterrevolution. Die aufständischen Bürger wähnten sich stark, weil sie für den Augenblick die Straße beherrschten. Hatten sie wirkliche Macht? Bismarck warnte später vor einer Überschätzung der Barrikaden, des Straßenkampfes: „Nicht in diesem selbst lag die Gefahr des Umsturzes, sondern in der Furcht davor." Wenn es nach ihm gegangen wäre, dann hätte der „revolutionäre Schwindel" in Berlin nicht lange gewährt; dann hätte auch Prinz Wilhelm (der spätere Kaiser) den ihm vom Volk verliehenen Titel „Kartätschenprinz" nicht zu Unrecht getragen, wie er in *Gedanken und Erinnerungen* (I, 2) fast höhnisch schrieb.

Ähnlich dachte der junge Artillerieleutnant Bonaparte, als er am 10. August 1792 beobachtete, wie ein schlecht bewaffneter Volkshaufen die Tuilerien stürmte (die Garde hatte auf Befehl des Königs das Feuer eingestellt): „Man müßte nur vier- oder fünfhundert mit der Kanone zusammenschießen, und der Rest würde noch laufen." Nur vier- oder fünfhundert! Mit solchem Schneid kann man Napoleon werden. Oder Eiserner Kanzler. Tatsächlich haben sich Kanonen und Bajonette gegen Aufständische oft bewährt, zum Beispiel bei der Niederschlagung des Pariser Arbeiteraufstands im Juni 1848. Die Zahl der Toten wird auf drei- bis zehntausend geschätzt – was unser Entsetzen über Dengs Himmlische Befriedung von Peking zwar nicht relativieren, aber zurücklenken sollte auf uns selbst, die abendländische Tradition.

Friedrich Engels kam nach dem Juni-Gemetzel zu dem Schluß, „daß die Unbesiegbarkeit einer Volkserhebung in einer Großstadt eine Täuschung sei". Auch Theodor Fontane, der am 18. März 1848 – nicht weit von dem Studenten Boerner – an den fast possenhaften Barrikadenkämpfen im Zentrum Berlins teilgenommen hatte, zunächst mit „fieberhafter Erregung", bald nur noch mit einem „elenden Gefühl", blieb dann vierzig Jahre bei der „Überzeugung von der absoluten Unbesiegbarkeit einer wohldisziplinierten Truppe jedem Volkshaufen, auch dem tapfersten gegenüber. Volkswille war nichts, königliche Macht alles“, schrieb er im Rückblick. Erst 1891, als die *Denkwürdigkeiten* des Generals von Gerlach Aufschluß darüber gaben, warum die Truppen in der Nacht vom 18. auf den 19. März zurückgezogen worden waren, nachdem sie praktisch schon gesiegt hatten, änderte Fontane seine Meinung: Solche Volkserhebungen „müssen – vorausgesetzt, daß ein großes und allgemeines Fühlen in dem Aufstande zum Ausdruck kommt – jedesmal mit dem Siege der Revolution enden, weil ein aufständisches Volk, und wenn es nichts hat als seine nackten Hände, schließlich doch notwendig stärker ist als die wehrhafteste geordnete Macht“. Denn das Volk, meint Fontane, habe von Moment zu Moment das Spiel in der Hand, es könne auftauchen oder untertauchen, kämpfen oder ruhen. Das reicht als Begründung noch nicht aus, denn sonst wäre auch eine Besatzungsmacht nicht in der Lage, eine Stadt zu befrieden, zum Beispiel Ost-Berlin 1953, Budapest 1956, Prag 1968. Fontane nennt einen weiteren Grund: Schlagwörter können plötzlich eine „halb unerklärliche Macht“ gewinnen: „ So weiß ich ..., daß für bestimmte kleinere Truppenteile mit einemmal der Schreckensruf da war: ‚Die Bürger kommen.‘ ... Jetzt erscheint uns der Schrei: ‚Die Bürger kommen‘ als der Inbegriff alles Komischen; damals, auf knappe vierundzwanzig Stunden, umschloß er eine Macht.“ (*Der achtzehnte März*, passim.)

„Die Bürger kommen“ – „Wir sind das Volk“: haben wir in diesen Parolen das Sesam-öffne-dich für die Festen der Macht, für das „Gehäuse der Hörigkeit“?

Fall 7

Es *endete* nicht mit einem frommen Choral, es *begann* mit Chorälen, Gebeten, Predigten. Fast alles verlief hier umgekehrt. Der Keim des Aufstandes war, um Canettis Begriffe zu verwenden, nicht die *offene*, sondern die *geschlossene* Masse. Diese setzt sich fest, sagen wir: in der Nikolai-Kirche in Leipzig. Ihre Stärke ist ihr Bestand, ihr Potential ist die Wiederholung des Rituals. Aber es kann zum Ausbruch kommen; das ist so, sagt Canetti, „als ob eine Masse überfließe, aus einem Raum, in dem sie wohlbehütet war, auf den Platz und auf die Straßen einer Stadt, wo sie, alles an sich ziehend und allem ausgesetzt, sich frei ergeht“. So war es in Leipzig. Die geschlossene Masse wurde zur offenen Masse, die den Drang hat, zu wachsen, sich alles einzuverleiben, und die, wenn sie aufhört zu wachsen, schon zerfällt.

Das Besondere an den Leipziger Ereignissen vom Herbst 1989 war nun aber, daß dieser Ausbruch sich *wiederholte:* das Überfließen wurde zu einem Teil des Rituals. Von Montag zu Montag, von Andacht zu Andacht, von Umzug zu Umzug schwoll die Menge an. Am 2. Oktober gingen 15.000 auf die Straße, am 9. Oktober, als ein Blutbad drohte, waren es 50.000. Dieser Tag brachte die Wende. Am folgenden Montag war die Schwelle zur „Revolution“ überschritten: es kamen 150.000, und drei Wochen später, am 6. November, waren es fast so viele wie zwei Tage zuvor in Berlin – eine halbe Million.

Die Parteispitze, die die Protestbewegung, solange sie noch schwach war, als konterrevolutionär bekämpft hatte, mußte, als die Massen auf den Straßen anschwollen, gemäß ihrem Führungsanspruch so tun, als hätte sie selbst diese Wende gewollt, die sie jetzt eine große „Volksbewegung“ nannte, ja sogar eine „Revolution“. Dann brach die Mauer. Und das Volk auf der Straße ging hinüber in den Westen, in den Supermarkt. So verspielte es seine Macht ähnlich dem Volk von 1848, das sich mit einem Choral befriedigt hatte.

Diese stark gerundete, geschönte Darstellung läßt manche Frage offen. Zum Beispiel: Wieviele Demonstranten müssen es sein, damit aus einer Konterrevolution eine Revolution wird; oder, in Canettis Terminologie, damit eine „Umkehrungsmasse" entsteht? Im konkreten Fall: Wieviele Bürger mußten in Leipzig (in Berlin, in Prag) auf die Straße gehen, damit die bewaffneten Kräfte von ihr verschwanden? Und warum verschwanden sie? Ganz allgemein gefragt: Warum fürchten die Herrschenden, die vor einem äußeren Feind nur selten zittern, ausgerechnet ihr schlecht oder gar nicht bewaffnetes Volk? Die blutige Niederwerfung eines Aufstandes, so lautet die übliche Auskunft, würde als moralische Niederlage der Regierung empfunden werden. Als hätte eine Zwangsherrschaft eine Moral! Eher empfinden die Herrschenden Scham, nackt dazustehen, ihrer treuen Untertanen entblößt. Unter diesem Aspekt spielen die vielen tausend DDR-Bürger, die im Sommer 1989 ihren Staat Hals über Kopf verließen, als sich endlich die Gelegenheit dazu bot, eine ähnliche Rolle wie die Blutopfer in einer revolutionären Situation, gleichgültig, ob der Aufstand durch das Blut erstickt oder geschürt wurde. Die DDR-Machthaber, die gerade ihr großes Jubiläum feierten – wie Robespierre sein Fest des Höchsten Wesens, wie Savonarola seine Verbrennung der Eitelkeiten –, standen entblößt da. Und das bis dahin botmäßige Staatsvolk fürchtete, daß es förmlich „ausbluten" würde, wenn nichts geschähe. So erst konnte es, dank der Scham der Partei, zum handelnden Volk werden.

Auch diese Deutung schönt das Geschehen. Sie ignoriert vor allem, daß der Staat der DDR in extremem Maße bürokratisch war und deshalb, Max Weber zufolge, gar nicht hätte Schwäche zeigen, geschweige denn zerbrechen dürfen. Oder muß man, im Blick auf die aufgeblähte Stasi-Krake, Webers Vorstellung von der modernen Bürokratie als „rationaler Lebensordnung" korrigieren und einräumen, daß ein bürokratischer Apparat, ebenso wie ein individueller Machthaber, in Canettis Sinn *wahnsinnig* sein kann? Der Stasi-Wahnsinn zeigte sich schon darin, daß das „Volk", das in Leipzig und anderswo auf die Straße ging und damit den Apparat blockierte, wohl zur Hälfte aus Stasi-Zuträgern bestand: der Apparat blockierte sich selbst. Aber ging er auch unter? Hier behält Max Weber recht, der sich mokierte über den „naiven Gedanken der Bakunisten: durch Vernichtung der Akten zugleich ... die ‚Herrschaft' vernichten zu können". Weber zufolge erzeugte jede bürokratische Ordnung – bei den Beamten ebenso wie bei den Beherrschten – eine „gezüchtete Eingestelltheit auf das gehorsame Sichfügen in jene Ordnungen". (Wirtschaft und Gesellschaft II, 9, 2) Das heißt: die bürokratische Herrschaft ist „unzerstörbar", insofern sie in ihren Opfern überlebt; sie kann nur von diesen selbst überwunden werden – oder mit ihnen aussterben.

Wäre demnach Herrschaft nur ein psychologisches Problem? Wohl niemand würde sie darauf reduzieren wollen. Ich möchte jedoch daran erinnern, daß Macht, Einfluß, Autorität, diese Elemente aller Herrschaft, ohne die Individuen, die ihnen unterliegen, nicht denkbar sind; und daß sie im Kopf, im Geist dieser Individuen verfallen sein müssen, um ein Ende finden zu können. Der Ausdruck dieses Verfallens sind die Vorzeichen, die Vorhersagen, die Ankündigungen des Endes. Daß sie in der DDR – anders als in Polen und Ungarn – fast gänzlich fehlten (oder gründlich fehlgingen), könnte darauf hindeuten, daß in diesen Köpfen die Autoritätsfixierung die Wende überstanden hat.

Ich schließe mit einem Beispiel für Autoritätsverfall, bei dem es nicht um politische, sondern um intellektuelle oder religiöse Macht geht, die freilich schnell zur politischen werden kann.

Fall 8

Im März 1911 hielt Rudolf Steiner anthroposophische Vorträge in Prag. Unter seinen Zuhörern war auch Franz Kafka. Er interessierte sich sehr für den Mann und seine Lehre und beschloß, ihn in seinem Hotel aufzusuchen. Das Tagebuch beschreibt den Besuch:

„In seinem Zimmer suche ich meine Demut, die ich nicht fühlen kann, durch Aufsuchen eines lächerlichen Platzes für meinen Hut zu zeigen, ich lege ihn auf ein kleines Holzgestell zum Stiefelschnüren. Tisch in der Mitte, ich sitze mit dem Blick zum Fenster, er an der linken Seite des Tisches ... Er beginnt mit einigen losen Sätzen: Sie sind doch der Dr. Kafka? Haben Sie sich schon länger mit Theosophie beschäftigt?

Ich aber dringe mit meiner vorbereiteten Ansprache vor: Ich fühle, wie ein großer Teil meines Wesens zur Theosophie hinstrebt, gleichzeitig aber habe ich vor ihr die höchste Angst. Ich befürchte nämlich von ihr eine neue Verwirrung ..."

Und so weiter. Kafka schildert sein Unglück, sein Zerrissensein zwischen literarischer Arbeit und Brotberuf, seine Furcht, durch eine dritte Bestrebung nur noch unglücklicher zu werden, der Dr. Steiner möge ihm raten, ob er sich trotzdem der Anthroposophie widmen solle, „denn ich ahne", schließt er die Ansprache, „daß, wenn Sie mich dessen für fähig halten, ich es auch wirklich auf mich nehmen kann".

Indem der Leser dieser langen Ansprache folgt, wächst in ihm die Spannung auf die Antwort des Gurus. Kafka aber fährt fort:

„Er hörte äußerst aufmerksam zu, ohne mich offenbar im geringsten zu beobachten ... Am Anfang störte ihn ein stiller Schnupfen, es rann ihm aus der Nase, immerfort arbeitete er mit dem Taschentuch bis tief in die Nase hinein, einen Finger in jedem Nasenloch."

So endet der Bericht. Von Rudolf Steiner und der Anthroposophie ist in den Tagebüchern nie mehr die Rede. Was von ihnen bleibt, ist eine triefende Nase.

Nur eine letzte Bemerkung noch: Die Leibwache Domitians hätte jederzeit die Möglichkeit gehabt, den Kaiser abzustechen; sie tat es erst dann, als er verwundet am Boden lag – hielt sie ihn vorher vielleicht doch für einen Gott? Die Konventsmitglieder hätten schon lange vor dem 9. Thermidor Gründe gehabt, Robespierre zu stürzen; sie taten es erst dann, als aus seinem Mund, statt Anklagen gegen sie, nur Schaum trat – als hätte er damit seine übermenschliche „Tugend" verloren. Und Franz Kafka war von den öffentlichen Vorträgen Steiners sehr beeindruckt; aber als er den großen Weisen im Hotelzimmer seine Nase bearbeiten sah, erstarb aller Respekt. Der letztere Fall ist ironisch gebrochen. Aber auch er noch verweist auf ein archaisches Muster: Ein körperlicher Defekt, ja schon eine Unpäßlichkeit oder eine Blöße können den Starken, den Mächtigen als *Sterblichen* entlarven. Er schrumpft, er schwindet, und mit ihm sein Arkanum, der Stachel des Befehls.

Machttheater

Über das Verhältnis von Schicksal und Politik

Rita Bischof

Wir hatten gesagt, daß die Geschichte der Macht immer auch eine Geschichte des Individuums ist, ja, daß sie über einen großen Zeitraum hinweg die einzige Geschichte des Individuums geblieben wäre, wenn nicht die Literatur einen Gegenentwurf geschaffen hätte. Individualität gehörte lange Zeit zu den Privilegien der Mächtigen, und Geschichte war jahrhundertelang nicht mehr und nichts anderes als eine Art Familienchronik bevorrechteter Geschlechter. Spät erst, mit der Französischen Revolution nämlich, ändert sich dies, wenn auch nicht grundsätzlich. Denn noch die Moderne ist durch das hartnäckige Überleben jenes Typus des Machthabers charakterisiert, den es nach dem Untergang der traditionellen Mächte in der bürgerlichen Gesellschaft eigentlich gar nicht mehr geben dürfte.

Und so hat auch Canetti eine Macht analysiert, die die strikte Individualisierung verlangt. Die Macht, die er porträtiert, ist gebunden an ein exklusives, eifersüchtiges Subjekt, das ein zweites schon der Möglichkeit nach ausschließt. Der Machthaber ist nicht einer unter vielen, die der Masse gegenübertreten; er gilt als von qualitativ anderer Natur. Wenn er nicht selbst, wie es häufig genug geschieht, als die Reinkarnation eines Gottes betrachtet wird, so repräsentiert er gegenüber jenem namenlosen Kollektiv, das er beherrscht, immer noch eine Art Übersubjekt. Er ist der Übereinzelne par excellence und das bereits seit vorgeschichtlicher Zeit. Der Machthaber verkörpert eine Einzigkeit, die ihn weit über die undifferenzierte, gesichtslose Masse erhebt. Aber diese Einzigkeit muß repräsentiert werden, sie muß sich in den vielfältigen Spektakeln seiner Macht immer wieder erneuern. Die Gewalt, über die er verfügt, muß zur Schau gestellt werden, sei es in Festen und Bauten, sei es in Hinrichtungen oder Kriegen. Hatte Canetti vor allem den mörderischen Schrecken der Macht untersucht, so steht nunmehr ihr blendender Glanz zur Analyse, jene eigentümliche Anziehungskraft, über die die Macht verfügt und die ihr Immer-wieder-Erscheinen bis heute garantiert hat. Und wie sich ihr mörderischer Schrecken im Bild des Löwen artikuliert, so hat der blendende Glanz der Macht zu ihrer Identifikation mit der Sonne geführt. Da aber der Glanz der Sonne auch auf den Löwen ausstrahlt, der folglich zum Sonnentier avanciert, so ist es umgekehrt dessen Gefräßigkeit, die mit dem Sonnengott kommuniziert. Beide Symbole der Macht beschreiben mithin dasselbe. Soziologisch gesehen kann nämlich die bloße Verfügungsgewalt über die Macht- und Gewaltmittel allein noch keine dauerhaften Gebilde von Herrschaft hervorbringen. Das Prestige der Macht über die Jahrtausende hinweg ließe sich nicht erklären, wenn man sie nur aus ihrer Todesgewalt herleiten würde, wenn man also jene eigentümliche Attraktivität unberücksichtigt ließe, deren Ursprung in einem unverdienten, unverhofften Geschenk gesehen wird, in einer Gabe, die nicht erwidert wird, einer einseitigen Gabe, die den derart Beschenkten unwiderruflich an die Macht ausliefert. Erst wenn man das spendende Antlitz neben ihr mörderisches setzt, läßt sich das Porträt der Macht vollenden. Erst dann läßt sich jene Faszination erklären, die es erlaubt, den Schrecken vor der Macht in den Quietismus der Akzeptanz zu verwandeln.

Die Souveränität des Machthabers ist daher niemals nur in seiner Verfügungsgewalt über Menschen und Dinge begründet, sie bringt immer auch die Elemente einer sakralen Anziehungskraft ins Spiel. Seine Souveränität ist nichts, solange sie nicht anerkannt wird, und sie wird anerkannt nur, solange sie mit der Gesellschaft als ganzer kommuniziert. Der Machthaber steht von Anfang an unter dem Zwang, seine Souveränität zu repräsentieren, und dazu stehen ihm seit den Zeiten des archaischen Königtums nach innen hin zwei Hauptformen zur Verfügung: in Festen wird er sein spendendes Antlitz, in Hinrichtungen sein mordendes exponieren, und unter beiden Masken wird man ihm eine quasigöttliche Natur attribuieren. Auf besonders drastische Weise wurde die Janusköpfigkeit der Macht am ugandischen Königshof demonstriert, an dem die paarweise Vorführung von Opfern, von denen das eine eine unerwartete Ehrung erfährt, während das andere getötet wird, unverzichtbarer Bestandteil der Souveränitätsrituale war. Beide Opfer haben allen Grund, vor dem Machthaber zu zittern, denn niemand weiß, wen es treffen wird. Festgelegt ist nur: das eine wird getötet, dem anderen dagegen das Leben geschenkt. Sinnfälliger ließe sich die Gottähnlichkeit des Machthabers kaum ausdrücken.

Das Beispiel des afrikanischen Königtums beweist, daß bereits in vorgeschichtlicher Zeit zwei der beständigsten Merkmale von Macht elaboriert worden sind, die dann, zum Souveränitätsrecht über Leben und Tod sublimiert, von der Geschichte übernommen wurden. Souverän ist, wer das Recht zu strafen besitzt, was zu allen Zeiten immer schon die Möglichkeit der Gnade einschließt. Der Machthaber kann jederzeit den Tod verhängen, er kann daher auch das Leben schenken. Und wie die Strafe ist auch die Gnade als ein äußerst konzentrierter Akt der Macht zu verstehen, ja, es ist zu vermuten, daß auf der Handlungsebene die Macht nicht in der Hinrichtung ihre höchste Konzentration erreichte, sondern in der Begnadigung in letzter Minute. Und das Bewußtsein davon mag es gewesen sein, was Domitian zu seinem Leichenbankett inspiriert hat.

Die Repräsentation ist der Macht wesentlich, denn die Masse sieht im Herrscher das Subjekt, dessen Objekt sie ist, nur solange, wie er ihr Ideal einer souveränen Existenz weithin sichtbar verkörpert, solange er lebt, was sie fürchtet und gleichzeitig wünscht. Sobald er dagegen die Fähigkeit, das Wunder einer unbedingten, überschäumenden Existenz zu bedeuten, verliert, steht nicht nur seine Macht, sondern auch sein Leben auf dem Spiel. In dem Moment, in dem die Kraft des Königs zur Vermehrung nicht mehr gegeben ist, wird er von seinen Beratern vergiftet oder erdrosselt, denn es ist nicht erlaubt, sein Blut zu vergießen. Unter den Bedingungen archaischer Machtsysteme ist der Königsmord daher die höchste Affirmation von Souveränität. Was ihm die Authentizität des Souveränen verleiht, ist, daß er die Nichtigkeit des Königs beweist. Zwar hatte sich im Herrscher die Souveränität des Seins verkörpert, allerdings konnte er immer nur ihr äußerer, dinghafter Aspekt sein. Und das ist es zugleich, was der Königsmord zeigt: der König ist nichts, wenn es ihm nicht gelingt, jene virtuelle Souveränität sich anzukristallisieren, von der seine Macht ursprünglich abgeleitet ist. Nur durch sie vermag er über jene sakrale Anziehungskraft zu verfügen, durch die allein seine Macht sich legitimiert.

In den archaischen Gesellschaften ist daher das Verhängnis des Befehls noch nicht in vollem Umfang gegeben. Es wird im Gegenteil durch den rituellen Königsmord bewußt vermieden. Der archaische Herrscher ist noch nicht der Gesetzgeber, der selbst nicht an die Gesetze, die er erläßt, gebunden ist, wie dies danach für alle traditionellen Formen der Macht gilt. Er ist im Gegenteil derjenige, auf dem die ganze Bürde des Gesetzes liegt. Der König ist von Verboten umzingelt, die ihm nahezu allen Handlungsspielraum nehmen und ihn jeder Form der Berührung entziehen. So darf er beispielsweise seinen Palast entweder gar nicht oder nur zu bestimmten, rituell vorgeschriebenen Zeiten verlassen, ja, bisweilen darf er nicht einmal den Boden mit seinen Füßen berühren. Immer aber ist er gezwungen, alleine zu essen, denn es ist strengstens verboten, ihn essen zu sehen. Daß er überhaupt Nahrung zu sich nimmt, ist als solches bereits ein Skandal, da es seiner Bestimmung als eines Vermehrers von Grund auf widerspricht. Die zahllosen Beschränkungen, denen in den archaischen Gesellschaften gerade die Könige unterliegen, könnten ein modernes Individuum auf die Idee bringen, daß hier das Volk im voraus an seinem Herrscher Rache nimmt. In Wahrheit aber haben sie vor allem die Bedeutung, mögliche Veränderungen der Institution oder des Rituals von vornherein zu vermeiden. Der Machthaber ist ausdrücklich als derjenige bestimmt, der sich nicht verwandeln darf, der sich also immer gleichbleiben muß, und so genügen, falls seine Regierungszeit nicht prinzipiell begrenzt worden ist, bereits die geringfügigsten Alterserscheinungen, damit man sich seiner wieder entledigt.

Und nicht nur im rituellen Königsmord, auf den notwendig eine Periode offizieller Trauer folgte, so etwas wie ein Interregnum gesetzloser Willkür, auch in der anschließenden Königswahl boten sich den Untertanen die vielfältigsten Möglichkeiten, sich von ihren *Befehlsstacheln* zu befreien. So wird der Kandidat auf eine uns heute äußerst bizarr anmutende Weise über seine Erwählung informiert, dadurch nämlich, daß ihn die Bevölkerung des Stammes, dessen König er in wenigen Stunden sein wird, zunächst einmal auf jede nur denkbare Weise malträtiert: er wird bespuckt, mit Stöcken und Fäusten geschlagen, mit Füßen getreten; man beschimpft ihn auf die unflätigste Weise und mit ihm seine ganze Familie. Alles, was sich an Haß auf den alten König angestaut hat, entlädt sich nun gegen ihn, dem man nur wenig später bedingungslos gehorchen wird, was immer er befiehlt. Die archaische Menschheit ist von der historischen in erster Linie dadurch unterschieden, daß sie nicht so lange warten muß, um sich ihrer *Befehlsstacheln* wieder zu entledigen. Denn die symbolische Umkehrung der Verhältnisse hatte ihre feste Stelle im gesellschaftlichen Ritual, und in manchen volkstümlichen Festen, wie beispielsweise dem Karneval, hat sich diese Umkehrung bis hart an die Schwelle zur Neuzeit hin bewahrt.

Aber diese Lösung des Problems, das der Befehl und sein Stachel aufwerfen, gilt nicht mehr, sobald es um die Eroberung des Raumes geht und darum, den überlieferten Königsmord durch ein rituelles Ersatzopfer zu umgehen. Die einfache Repräsentation von Macht, wie sie in Festen und Hinrichtungen gegeben ist, entpuppt sich als unzureichend. Der Machthaber sieht seine Souveränität von allen Seiten bedroht, solange sie auf die vergleichsweise flüchtigen Manifestationen seines Gewaltpotentials und seiner Ressourcen beschränkt bleibt. Der Krieg, durch den er seine Souveränität nach außen hin demonstriert, bietet ihm eine weit bessere Gelegenheit, sein Überleben auch in der Erinnerung der Menschen zu gewährleisten. Denn der Krieg schreibt sich, da er viele betrifft, auch dem Gedächtnis von vielen ein und garantiert so das Überleben des Machthabers auch in der Zeit. Doch bevor noch der historische Wettlauf der Macht um die Zeit beginnt, hat sie sich in der griechischen Tragödie reflektiert. Das griechische Theater hat eine neue Form der Repräsentation von Macht eingeführt, und zwar eine, die von da an bis weit in die Neuzeit hinein als das Paradigma einer Repräsentation überhaupt gilt. Allerdings läßt sich die griechische Tragödie nicht auf die bloße Repräsentation von Macht reduzieren, sie besitzt auch noch etwas darüber hinaus, und dieses etwas wird in der Folge zu unaufhebbaren Konflikten zwischen der Macht und der Literatur führen. Denn die Tragödie ist nicht zuletzt dadurch charakterisiert, daß sie den archaischen Königsmord in ein literarisches Prinzip transformiert.

Es ist der Zwang zur Repräsentation, der die Macht in die Nähe des Theaters rückt, und die Sprache hat diesen Zusammenhang bis in unsere Zeit des Machtverfalls hinein bewahrt. Nicht nur hatte die Tragödie im antiken Griechenland eine staatstragende Funktion zu erfüllen, diejenige nämlich, die aktuelle Machtstruktur zu legitimieren; auch die klassische Staatstheorie hat auf dem Zusammenhang von Macht und Theater insistiert, von wo aus die Metapher dann in die Geschichtsphilosophie eingegangen ist. Und noch immer sind wir gewohnt, vom Staatstheater zu sprechen, von der politischen oder historischen Bühne, auf der bestimmte Personen auftreten und von der sie wieder abtreten – was für diejenigen, die ihnen dabei zusehen, immerhin einen gewissen Trost einschließt. So hat die Vorstellung vom Machttheater immer auch die Hoffnung geweckt, daß das Stück, solange die Vorstellung dauern mag, doch irgendwann einmal ein Ende haben wird.

Was die Voreingenommenheit der Macht für das Theater bedingt, ist der Umstand, daß in ihm zugleich ihre Berührung mit der Masse liegt. Das Theater ist nichts anderes als ein Scharnier, das die Macht mit der Masse verbindet. Daraus resultiert ja eben jene staatstragende Rolle, die es sozusagen ab ovo spielt. Denn die Repräsentation von Macht steht vor dem Problem, vielen den Anblick weniger zu ermöglichen, und das antike Theater ist nichts anderes als die formale Lösung dieses Problems. Damit nämlich einer oder wenige von vielen gesehen werden können, müssen gewisse Bedingungen erfüllt sein, und diese gelten auf der politischen Bühne nicht minder. Nicht irgendwelche Menschen sind hier zu sehen, sondern nur solche, die bestimmte Voraussetzungen mitbringen; Voraussetzungen, die zunächst einmal von rein quantitativer Natur sind. Wer auf einer Bühne, gleichgültig welcher, erscheinen will, muß nämlich eine gewisse Größe, genauer: Übergröße besitzen. Auf jenen Brettern, welche die Welt bedeuten, können, wie Hegel schreibt, nur übergroße, übermenschliche Gestalten erscheinen. Hegel hat spät noch einmal die quasireligiöse Anziehungskraft der Macht affirmiert, als er die Geschichte als den „Lebenslauf Gottes" definierte, was ihm erlaubte, auch alle diejenigen, die sie machen, getrost zu vergöttlichen. Ihr Tun ist von vornherein dadurch legitimiert, daß es den göttlichen Willen immer nur exekutiert.

Alle Vorstellungen, die in den Begriff der historischen Größe eingehen, sind unterm Aspekt der Theatermetapher zunächst einmal wörtlich zu verstehen, und das antike Theater liefert dafür die anschaulichen Elemente. Aller Individualisierung der Macht zum Trotz sind es keine Menschen, die auf der Bühne in Erscheinung treten, sondern überpersönliche Kräfte, von einem dunklen Schicksal getrieben. Es sind Personen und mithin Masken. Sie erscheinen daher auch nicht in Lebensgröße, sondern sind überlebensgroß. Die Tricks, deren sich das griechische Theater bediente, um die Illusion solchen Übermenschentums zu erwecken, sind bekannt: es sind Kothurn, Maske und weites fließendes Gewand. Das heißt aber: die Figuren gehen auf Stelzen, sie werden ausgestopft, während ihre Züge zu der einzigen über- oder besser: unmenschlichen Bestimmung erstarrt sind, eine schicksalhafte Macht auszuüben.

Verweilen wir also noch ein wenig bei der Maske, auf die Canetti im Zusammenhang mit der Verwandlung reflektiert. Ihm zufolge ist sie ein Endzustand der Verwandlung, und zwar in einem besonders strikten Sinn. Gegenüber anderen Endzuständen der Verwandlung ist die Maske in erster Linie durch „äußerste Starrheit" charakterisiert. Sie drückt etwas Bestimmtes aus, und dieses Bestimmte ändert sich nie mehr. Aber so bestimmt die Maske nach außen hin sein mag, sie hat immer auch etwas von einer Grenze an sich, hinter der sich etwas Unbekanntes, Unheimliches, eine Drohung vielleicht, verbirgt. Während nämlich die Figur, wie Canetti am Beispiel des Totemismus zeigt, die Art der Verwandlung in eins mit ihrem Prozeß erkennen läßt, macht die Maske beides unkenntlich. Was sie signalisiert, ist lediglich, daß eine Verwandlung zu ihrem Ende gelangt ist, welcher Natur diese Verwandlung war, sagt sie jedoch nicht. All ihrer Bestimmtheit zum Trotz ist die Maske geheimnisumwittert, weil man niemals so genau weiß, wer oder was sich hinter ihr verbirgt. Sicher ist nur, daß es um etwas Dunkles, Uneingestehbares geht – denn wer schließlich die Maske fallen läßt, beweist damit, daß er es sich erlauben kann, das Unheil, das sie verbarg, offen zu entfesseln.

Es lohnt sich aber auch, in diesem Zusammenhang einen Blick auf jene Maskengötter zu werfen, die im griechischen Pantheon einzigartig dastehen. Die Rede ist von Artemis, Dionysos und Medusa, die als einzige mit Maskenkulten gefeiert wurden, was man gewöhnlich damit erklärt, daß alle diese Götter ursprünglich aus der Fremde gekommen sind. Aber was die Maske betont, ist nicht so sehr jene einfache Fremdheit, die geographisch zu bestimmen wäre, als vielmehr eine wesentliche Fremdheit, die die einer anderen Natur ist. Es ist das „ganz andere", Nicht-Identische, was sich durch die Maske hindurch manifestiert, und dessen Paradigma ist allemal der Tod. Die Maskengötter im griechischen Olymp sind allesamt dadurch bestimmt, daß sie, jeweils auf ihre Weise, Grenzerfahrungen zum Ausdruck bringen, Augenblicke, in denen die gewöhnlichen Gesetze nicht mehr gelten. Sie alle sind auf Grenzbereiche der menschlichen Existenz konzentriert, gleichgültig, ob es nun der der Geburt und der frühen Kindheit ist, der der Sexualität oder schließlich der des Todes. Sie sind zuständig für das, was aller Formung vorausliegt, wie für das, was auf jede Ordnung folgt.

In dem Maße aber, in dem die Maske in letzter Instanz vom Tod abgeleitet ist, steht sie von Rechts wegen auch dem Machthaber zu. Die Starrheit der Maske, die immer dasselbe, nämlich den Tod verkündet, wird darin zugleich zum Symbol für die Erstarrung, die Canetti zufolge den Machthaber definiert. Und da sie selbst ein Endzustand der Verwandlung ist, signalisiert sie auch, daß sich die Macht im wesentlichen nicht mehr ändern wird. Die Macht hat daher etwas von einem sakralen Verhängnis an sich. Von den Menschen, auf denen sie lastete, wurde sie lange Zeit als etwas Schicksalhaftes betrachtet und hingenommen, so wie andere Schicksalsmächte auch. Als Schicksalsträger wurden die Mächtigen verehrt und gefürchtet, und als Schicksalsträger wurden sie auch in der griechischen Tragödie dargestellt. Eben deshalb blieb ihre empirische Gestalt auch unter einer Maske verborgen.

Mit der Maske aber hat es seine eigene Bewandtnis. Ihre Augen sind wie in einer

Schreckensvision aufgerissen, und auch ihr Mund steht wie im stummen Schrei des Entsetzens weit offen. Es ist ein doppelter Schrecken, der hier festgehalten wird: zum einen der Schrecken, den der Machthaber auf die ihm unterworfenen Menschen ausübt, zum anderen aber jener Schrecken, den ihm sein eigenes Schicksal einflößt. Die Unentrinnbarkeit der Macht, so scheint es, schlägt auf ihren Urheber zurück, der, was immer er tun mag, seinem Schicksal niemals entgeht. Zwar hat die Macht in ihren unberechenbaren Launen, in ihrer souveränen Willkür für die Menschen etwas Schicksalhaftes, aber es gibt noch etwas, das stärker ist als sie, eben das Schicksal, das Macht auch über die Mächtigen, ja selbst noch über die Götter besitzt. Und das Schicksal ist ebenso unausweichlich wie launisch.

In Wahrheit sind die Mächtigen, die im griechischen Theater dargestellt werden, also nicht selbst das Schicksal, sondern nur seine Mittler, sie sind die Form, unter der das Schicksal für die Menschen wirklich wird. Den Mächtigen selbst aber steht eine weit härtere Schicksalsprobe bevor, und die Tragödie endet allemal mit einer Katastrophe. In dem Maße jedoch, in dem die Tragödie die antiken Tyrannen in ihrer schicksalhaften Gebundenheit darstellt, werden sie tragisch, sie verwandeln sich in Märtyrer. So gelingt es der Tragödie, nicht nur Furcht, sondern auch Mitleid zu erregen, Mitleid mit den Leiden des Tyrannen, der von der Geißel eines undurchsichtigen Schicksals getrieben wird. Und nicht Furcht, sondern erst Mitleid erlaubt es schließlich, die Schrecken der Macht zu vergessen, zumindest aber scheinen sie dadurch erträglicher zu werden. Auch durch diese kathartische Funktion, wenn man so will, läßt sich jene unheimliche Konstanz erklären, mit welcher bis weit in die Neuzeit hinein fast ausschließlich Tyrannen auf der Bühne dargestellt werden.

Die Tragödie selbst hat die Nähe, in der sie zur Macht steht, von Anfang an gesehen und ganz ausdrücklich thematisiert, bevor sie dann von den klassischen Ästhetiken und ihren Tragödientheorien ontologisiert worden ist. Tragisch dargestellt zu werden, bezeichnete ein Privileg der Mächtigen, und so sind alle Tragödien von der Antike bis zu Shakespeare und noch über ihn hinaus auf die Schicksale von Herrschern und Herrscherfamilien konzentriert. Nur die „Großen" dieser Erde dürfen tragisch dargestellt werden, weil in ihrem Schicksal zugleich auch das der Allgemeinheit auf dem Spiel steht. Dagegen müssen nach jener selben Ästhetik die Niederungen des sozialen Seins komisch erscheinen, denn ihre Existenzweise ist nur mehr die des Partikularen selbst, und das Partikulare ist dazu da, um vom Allgemeinen absorbiert zu werden. Das Tragische wird dergestalt mit der Macht assoziiert, wohingegen das Komische zum Medium der sozialen Ohnmacht wird. Über dieses darf gelacht werden, nicht aber über jene Geschichte machenden Naturerscheinungen. Wer das wagt, riskiert, mit dem Tode bestraft zu werden. Alle Macht ist von Grund auf humorlos.

Erst in der radikalen Moderne ändert sich dies. Bereits Goethe wird gegen Ende seines Lebens erkennen, daß die Tragödie „ein längst aus der Mode gekommener Anzug" ist, und selbst dort, wo weiterhin Machthaber auf der Bühne in Erscheinung treten, ist es nicht länger ihre Souveränität, um die es geht, sondern weit mehr die ihrer Opfer. Die Darstellung des Machthabers verwandelt sich: gezeigt wird nicht mehr ein beschönigendes Porträt von ihm, das seine Taten vor der Geschichte rechtfertigt, sondern jene Fratze, die sein wahres Gesicht ist. In der Moderne werden die Großen dieser Welt auf der Bühne attackiert. Sie sind nur noch jämmerliche Karikaturen, die den Begriff historischer Größe der Lächerlichkeit preisgeben, und das ist die stärkste Waffe, die es gegen die Macht gibt. Alfred Jarry hat mit seinem *Ubu Roi* das Paradigma dafür geliefert.

Der Zusammenhang von Theater und Verwandlung scheint auf der Hand zu liegen; ohne Verwandlung wäre Theater nicht einmal zu denken, und doch ist ihre Beziehung aufeinander wesentlich komplexer, als der erste Blick es suggeriert. Zwar verwandeln sich die Schauspieler, die auf der Bühne die Mächtigen, ihre Handlungen, ihre Seelenlage mimen, zumindest für die Dauer der Aufführung in den Gegenstand ihrer Darstellung. Dasjenige aber, was sie darstellen, verändert sich nicht. Ja, es scheint nachgerade dieses Unveränderliche an der Macht zu sein, was ihre Dramatisierung immer wieder von neuem erzwingt. In gewisser Weise ist daher, was die Schauspieler mimen, die Verwandlung selbst, zumindest ist dies nicht das Unwesentlichste. Denn das Theater scheint eher aus einer Simulation von Verwandlung hervorzugehen als aus dieser selbst, da nach Diderot nur der schlechte Schauspieler sich bedingungslos mit seiner Figur identifiziert, wobei er jegliche Freiheit gegenüber seinem Gegenstand verliert.

Was auf dem Theater in Erscheinung tritt, verwandelt sich aber schon allein deshalb nicht, weil sich sein Gegenstand, die Macht nämlich und alle, die sie innehaben, durch den Ablauf der Zeiten hindurch wesentlich gleichgeblieben sind. Auffällig ist, und Canetti wird nicht müde, darauf hinzuweisen, daß der Typus des Machthabers, historisch gesehen, nicht den geringsten Veränderungen unterliegt. Was sich verändert, sind lediglich die Techniken, über die er verfügt, ist die Anzahl der Menschen, die er mobilisiert. Der Machthaber selbst aber bleibt sich durch die Fluchten der Zeit hindurch treu. Es ist immer dasselbe Szenario, in dem er auftritt, und was er inszeniert, ist immer dasselbe Stück. Allein daran läßt sich das Maß an Erstarrung ermessen, durch das die Macht gekennzeichnet ist. Der Machthaber scheint, ebenfalls bereits seit vorgeschichtlicher Zeit, ein determinierter Typus, eine geprägte Rolle zu sein, die gerade dadurch eine dramatisierende Wirkung ausübt, weil sie sich selbst jeglicher Verwandlung widersetzt. Der Herrscher ist einer, der allein dadurch Tragödien provoziert, daß er eine stetig wachsende Masse mobilisiert, in deren Verschlissenwerden er sein eigenes Überleben in der Geschichte sicher stellt. Von Canetti ausdrücklich als derjenige definiert, der sich, da er sich nicht verwandeln darf, immer gleichbleiben muß, scheint er in seiner Starrheit zu einer Art Kristall zu werden, der um sich herum permanent soziale Turbulenzen auslöst. In seinen Aufzeichnungen *Die Provinz des Menschen* schreibt Canetti: „Es ist kein wirklicher Unterschied zwischen den Mächtigen; wenn Kriege eine Zeitlang gedauert haben und die Gegner sich um ihres Sieges willen einander angleichen müssen, wird das plötzlich klar. Es ist alles Erfolg, und überall ist Erfolg dasselbe. Geändert hat sich nur eines: die wachsende Zahl der Menschen hat zu wachsenden Massen geführt. Was sich irgendwo auf der Erde entlädt, entlädt sich überall; keine Vernichtung ist mehr abzugrenzen. Die Mächtigen aber mit ihren alten Zwecken leben noch in ihrer alten beschränkten Welt. Sie sind die eigentlichen Provinzialen und Dörfler dieser Zeit; es gibt nichts Weltfremderes als den Realismus von Kabinetten und Ministern, außer dem der Diktatoren, die sich für noch realistischer halten. Im Kampf gegen erstarrte Glaubensformen haben die Aufklärer eine Religion unangetastet gelassen, die von allen die widersinnigste ist: die Religion der Macht." Ja, in der Moderne hat sie sogar ihre obszönste Form erreicht, als sie verkündete: „Gott ist Macht, und wer immer kann, sein Prophet."

Das Theater aber hat eine Struktur der Überbietung inauguriert, die dann auch von der Geschichte so übernommen wurde. Während die Überbietung im Theater jedoch zur reinen Form geworden ist, gewinnt sie in der Geschichte noch eine andere Dimension. Noch während er mit der Eroberung des Raumes beschäftigt ist, tendiert der Machthaber in wachsendem Maße dazu, seine Herrschaft auch auf die Zeit auszudehnen, um dergestalt das antike Verhängnis zu umgehen. Und die Zeit sollte zu der stärksten Herausforderung werden, mit der sich die Macht konfrontiert sieht. Der Machthaber fürchtet die Zeit, die selbst eine Tyrannin ist und am Ende auch über alle Machthaber dieser Welt triumphiert. Aber er hofft auch, der Zeit dadurch entgehen zu können, daß er selbst ihr noch das Siegel seiner Macht aufprägt. Der Machthaber ist zuinnerst durch seine hysterische Identifikation mit der Zeit definiert. Was er an ihr schätzt und sofort imitiert, ist, daß sie alles Verletzliche zerstört. Aber der Machthaber bewundert die Zeit nicht nur, er tendiert auch dazu, sie zu überbieten. Er will immer mehr Zeit haben, und so versucht er ihr dadurch zuvorzukommen, daß er noch schneller tötet als sie. Der Machthaber überlistet die Zeit, um sich dadurch einen Platz in der Zeit zu erobern. Und als der sicherste Weg dahin gilt seit vorgeschichtlicher Zeit die Errichtung von Pyramiden von Leichen. Wer auf der Bühne der Geschichte gesehen werden will, der wird sich statt des Kothurns des Leichenberges bedienen, um so zu gewährleisten, daß man ihn auch von weitem noch sieht. Nach der Höhe des Leichenberges, den ein Machthaber hinterläßt, scheint sich die Höhe seines Sockels zu bemessen. Nüchtern betrachtet gleicht die Geschichte einem endlos öden Feld, auf dem bis zum fernen Horizont Leichenteile verwesen, zwischen denen auf Sockeln von verschiedener Höhe die Büsten der „großen Männer“ stehen. Aber so nüchtern wird Geschichte nur selten gesehen. Gewöhnlich strahlt ein schon fast überirdischer Glanz von den historischen Größen aus, der die Szene in ein gleißendes Sonnenlicht taucht.

Die Struktur der Überbietung kennzeichnet nicht nur die Geschichte insgesamt, sondern auch alle diejenigen, die sie machen. Es ist nicht wahr, daß Geschichte durch Entwicklungen gekennzeichnet ist, vielmehr will jede Epoche die vorangegangene übertreffen, und das ist es auch, was die einzelnen Epochen schließlich richtet. Der Glaube daran, eine Epoche habe eine höhere Stufe der Vollkommenheit erreicht, nur weil sie eine gegebene Machtstruktur durch eine andere, angeblich bessere – besser für wen? – ersetzte, hat etwas zutiefst Lächerliches. Niemand ist einem anderen allein deswegen schon überlegen, weil er zufällig später geboren worden ist. Eine Gnade der späten Geburt gibt es nicht, auch wenn sich der Glaube an die Geschichte und an einen Fortschritt in ihr letzten Endes auf die Annahme einer solchen Gnade reduziert. Der historische Zeitbegriff, aus dem sich die Fortschrittshypothese schließlich entwickelte, geht davon aus, daß die Zeit sich steigern läßt, daß sie immer größer wird, je weiter sie sich von ihrem angenommenen Ursprung entfernt, und daß sich ihre einzelnen Einheiten allmählich zur Ewigkeit anhäufen. Damit aber kann die Struktur der Überbietung immer nur perpetuiert werden. Und durch sie wird die Geschichte als ein „Saal der Rekorde“ definiert: Napoleon überbietet die Römer und ihre Imperiumsidee, Hitler überbietet Napoleon; er träumt von einem Triumphbogen, der sich doppelt so hoch erhebt. Die Frage, die sich uns heute stellt, scheint demgemäß zu lauten: wer überbietet Hitler?

Aber verweilen wir noch einen Augenblick bei Napoleon, mit dem eine neue Epoche in der Geschichte des politischen Welttheaters beginnt, was unter den Zeitgenossen vielleicht niemand schärfer reflektierte als Goethe. „Die Politik", so wird es nunmehr heißen, „ist das Schicksal". Napoleon hat ein neues Prinzip in das Machttheater eingeführt, und zwar eines, das auch allen späteren Massenbewegungen zugrundeliegt, als er positiv wendete, was die Französische Revolution erst nur negativ formuliert hatte. Er hat, in den Worten Goethes, „dem Volk gezeigt, was das Volk kann". Napoleon habe, so Goethe gegenüber Eckermann, eine Willkür des Geschichtemachens ins Feld des politischen Handelns eingeführt und damit in der Jugend seines Landes einen großen Egoismus aufgeregt, der sie nicht ruhen lassen werde, „als bis wieder ein großer Despot unter ihnen aufsteht, in welchem sie auf der höchsten Stufe sehen, was sie selber zu sein wünschen".

Das Prinzip, auf dem das traditionelle Theater basierte, wird umgekehrt: es handelt sich nun nicht mehr darum, daß der König mit seinem Gefolge dem Volk ein Schauspiel bietet, vielmehr verhält es sich umgekehrt, wie es Novalis unfreiwillig treffend und fast wie in einer Fehlleistung zum Ausdruck bringt, denn von jetzt an bietet das Volk ein Schauspiel für den König. Seit Napoleon steht die Macht nicht mehr vor dem Problem, vielen den Anblick weniger zu ermöglichen, es soll im Gegenteil einem oder wenigen der Überblick über viele – tendenziell: über alle – gewährt werden. Damit werden zugleich auch eine Reihe anderer Prinzipien verkehrt, die lange Zeit die Form der Repräsentation definierten. Wie im Theater nämlich die Zuschauer auf ihren Rängen festgebannt sind, so ist es unter den Bedingungen traditioneller Mächte auch das Volk, wann immer sich der König mit seinem Hofstaat zur Schau stellt. Er ist es, der mit seinem Gefolge vorüberzieht, der sekundenweise auf einem Balkon zu sehen ist, um sich immer wieder von neuem ins Innere seines Palastes zurückzuziehen.

Zwar hat das Volk an den Festen des Herrschers seinen Anteil, es feiert mit, aber es feiert, getrennt von den Mächtigen, zugleich sein eigenes Fest. Seit Napoleon aber, dann im Faschismus und bis in die Rituale der sozialistischen Macht hinein verhält es sich umgekehrt: es sind die Massen, die vor ihren Führern zur Schau gestellt werden, die paradierend an ihnen vorüberziehen, als wäre die totalitäre Gesellschaft nichts anderes als eine einzige, in ihre Abteilungen gegliederte Armee. Nunmehr sind es die Machthaber, die auf ihren Tribünen wie festgebannt wirken. Zwar stehen sie immer noch erhöht, aber nicht mehr so sehr, damit sie vom Volk besser gesehen werden, sondern um umgekehrt das Volk besser sehen zu können. Was immer man über die fundamentale Gleichheit von Führer und Masse gesagt haben mag, die modernen Machthaber tendieren dazu, sich noch höher über die Masse zu erheben, und zwar in dem Maße, in dem sie ihre Macht unter Berufung auf eben diese Masse legitimieren.

Seitdem werden Kriege nicht mehr im Namen des Königs geführt, sondern im Namen des Volkes und seiner vitalen Interessen. Die modernen Diktatoren unterwerfen sich scheinbar der Masse, in Wahrheit zögern sie nicht, das Volk in seinem eigenen Namen in den Untergang zu führen. Dadurch, daß Napoleon die traditionelle Struktur des Machttheaters einfach umgekehrt hat, gelang es ihm auch, die Individualisierung der Macht bis in die Moderne hinein zu retten, und das heißt unter Bedingungen, die gerade umgekehrt durch den Eintritt der Massen in die Geschichte gekennzeichnet sind. Robespierre hatte das Stichwort dazu geliefert, als er den Massen während der Französischen Revolution einbleute: „Ihr seid das Volk!"

Prätendierte der traditionelle Souverän, selbst die Sonne zu sein, indem er sich weithin sichtbar, wenngleich stets auf Distanz achtend exponierte, so träumt der moderne Machthaber davon, jenes omnipräsente Auge zu sein, das alles sieht, selbst aber nicht gesehen wird. Und der Mythos dieses (von Gott emanzipierten) Auges sollte auch in die Struktur der modernen Wissenschaften eingehen. Alle diese Umkehrungen haben zunächst keinen anderen Zweck als den, eine flächendeckende Überwachung der Bevölkerung zu ermöglichen. Die Verhältnisse zwischen Sichtbarem und Unsichtbarem werden neu bestimmt, und auch daran lassen sich die Veränderungen der Theater-Metapher messen.

Es ist nun nicht mehr der Machthaber, der seine Individualität für alle sichtbar manifestiert, stattdessen erhält jeder einzelne in der Masse eine Geschichte, in der sein besonderer Fall aufgezeichnet ist, eine Fallgeschichte mithin, die ihn als Individuum recht eigentlich erst bestimmt. So wird in den Totalitarismen der Moderne die Existenz des einzelnen bis ins Schlafzimmer hinein für die Macht transparent, während sie selbst immer lichtscheuer zu werden beginnt. Der moderne Machthaber zeigt sich nicht mehr gerne. Er ist zwar immer noch eitel, und er will, daß man auf ihn blickt, allerdings möchte er dabei nicht mehr gesehen werden. Er kann seine Macht nur noch dadurch ausüben, daß er die natürliche Reziprozität des visuellen Aktes zerstört.

Das Gesehene blickt nicht mehr zurück, wie umgekehrt der Sehende nicht mehr gesehen wird. Der moderne Machthaber fürchtet sich vor dem Blick – es ist die Maßlosigkeit seiner Befehle, durch die seine Angst ins Unermeßliche gesteigert wird, weshalb er auf Repräsentation weitgehend verzichtet und sich stattdessen darauf beschränkt, von sich selbst Photographien und Tonkonserven in Umlauf zu setzen. Zwar findet er weiterhin an Monumentalbauten seinen Gefallen, und er zögert nicht, sich immer neue Geschmacklosigkeiten auszudenken, sie mögen kosten, was sie wollen. Aber er fühlt sich nicht mehr so recht wohl in seinen Palästen, die ihn den Blicken der Öffentlichkeit allzusehr exponieren.

Am liebsten zieht er sich daher unter die Erde zurück, wo nicht nur Luxusbunker mit eigenen Flughäfen entstanden sind, sondern allmählich auch der harte Kern der Gesellschaft hinverlegt worden ist, alles das, was ihren aggressiven und sanktionierenden Charakter ausmacht, also Polizei, Militär und Geheimdienste. Jüngst hat einer dieser Machthaber davon geträumt, er könne einen elektronisch gesteuerten Luftkrieg durch den Rückzug seiner Armee unter die Erde gewinnen.

Und wir anderen? Wir sehen zu. Napoleon hat nämlich noch ein anderes Prinzip in die Welt des politischen Handelns eingeführt, als er sich eine Bühne schuf, vor der die halbe Welt Platz zu nehmen gezwungen wurde. Und auch dieses Moment des Zuschauens hat sich in den politischen Massenbewegungen des zwanzigsten Jahrhunderts eher noch verstärkt. Im Zeitalter des Fernsehens schließlich wird es universell. Wer nicht mitagiert, schaut den anderen immerhin dabei zu. Schon lange vor dem Ausbruch eines Krieges stehen internationale Kamerateams bereit, um im Augenblick des Geschehens noch auf Sendung zu gehen. Ihr Ehrgeiz ist es, den Zuschauern in aller Welt die Informationen in Echtzeit zu übermitteln. Und Milliarden von Menschen starren gebannt hin. Sie schauen zu, wann immer es einem beliebt, andere mit seinen Drohungen zu terrorisieren. Sie schauen hin, wenn der Besiegte unter den Augen der Sieger Teile seiner Bevölkerung massakriert. Sie schauen zu, wenn Flüchtlingen ihr Recht auf Asyl verweigert wird, wenn Hunger, Kälte und Seuchen zu Massensterben führen. Sie schauen zu, und es geschieht nichts. Das Zusehen dabei, wie ein anderer stirbt, oder genauer: wie ein anderer getötet wird, wird einmal zu den Merkmalen gehören, durch die das zwanzigste Jahrhundert vor allem gekennzeichnet ist.

Schreiben gegen den Tod

Franz Schuh

Man kann sagen, daß Canetti gegen den Tod schreibt; „gegen etwas oder gegen jemanden schreiben" ist allerdings ein Jargonausdruck aus den „Veröffentlichungsbetrieben", wo nicht wenige gezwungen sind, sich Wichtigkeit beizumessen, ja, Wichtigkeit zu erlangen, indem sie gegen etwas oder gegen jemanden geschrieben haben. Vielleicht ist das auch der Grund, weshalb Canettis „Schreiben gegen den Tod" zu einem Etikett wurde, hinter dem auf billige Weise verschwindet (und deshalb zum Schein angenommen werden kann), was Schreiben gegen Tod bei Canetti tatsächlich heißt.

Der andere Grund ist die gewiß aufregende Paradoxie: Man unternimmt heutzutage doch nur etwas, was Sinn hat, was sich verwirklichen läßt. Gegen den Tod zu schreiben hat keinen Sinn, in dem Sinn keinen, es hat dafür etwas von dem Bizarren, das die große Welt der kleinen Welt der Literatur gestattet. Gegen den Tod zu schreiben verpflichtet zu nichts, scheint es, denn es ist unmöglich, gestorben wird auf alle Fälle. Aber es ist etwas anderes, und Canetti sagt: „Es geht nicht darum, wie ein Papagei zu wiederholen, daß alle Menschen bis heute gestorben sind, es geht nur darum zu entscheiden, ob man den Tod willig hinnimmt oder sich gegen ihn empört. Ein Recht auf Glanz, Reichtum, Elend und Verzweiflung aller Erfahrung habe ich mir durch die Empörung gegen den Tod erworben. In diesem endlosen Aufstand habe ich gelebt."

Das Selbstbewußtsein des Empörers umfaßt stolz nicht nur Glanz und Reichtum der Revolte (oder besser: der revoltierenden Erfahrung), es schöpft auch aus dem Elend, aus der Verzweiflung, denn worum es geht, ist ja nicht das Glück, die Harmonie, sondern es geht um den Aufstand, in dem man, und sei er grundlos, gelebt hat.

Es ist eine Revolte der Erfahrung, gegen die besagter Papagei nichts als recht haben kann: Bis heute noch sind ja wirklich alle gestorben. Aber was den Unterschied macht, ist, ob einer, ein Einzelner existiert, der es nicht akzeptiert, der den Tod, und sei er noch so gewiß, nicht willig hinnimmt. Da ja wirklich alle sterben, ist der Aufstand zu Lebzeiten endlos. Er ist auch endlos, weil der Tod im Detail steckt, in allen Stunden und das ein Menschenleben lang. „Ich bin erst vierzig", verzeichnet Canetti 1945, „aber es vergeht kaum ein Tag, an dem ich nicht vom Tode eines Menschen erfahre, den ich gekannt habe. Mit den Jahren werden ihrer täglich mehr sein. Der Tod wird bis in die einzelnen Stunden kriechen. Wie soll man ihm schließlich nicht verfallen!"

Das ist die Frage, an dieser Stelle der „Provinz des Menschen" als Ausruf stehend: Wie soll man dem Tod schließlich nicht verfallen! Der Stolz über die Revolte geht Hand in Hand mit der Angst vor ihrem Scheitern. Den Tod nicht hinnehmen bedeutet ja eine Tatsache, die selbst ein Papagei überzeugend darlegen kann, zwar selbstverständlich auch zu erkennen, sie aber eben nicht anzuerkennen. Das setzt ein fragwürdiges Verhältnis zwischen Tatsache und den geistigen Kräften voraus, die die Tatsachen nicht einfach leugnen, sondern sie auf einer gleichsam höheren Ebene negieren. So machen es Wahn-Sinnige und manchmal Dichter.

Den Tod anerkennen heißt nämlich, ein ganzes „System“ von Unheil nicht mehr verstehen, nicht mehr erfahren zu können. Es heißt, abzustumpfen, und deshalb ist das Schreiben gegen den Tod eine Revolte der Erfahrung, *der* Grundaufstand gegen das Abstumpfen. Das mit dem Tod anerkannte Übel vereitelt ja auch Lebenserfahrung; man sieht es, mit wie wenig Leben sich die Leute zufrieden geben, die sich mit den Toten in aller Welt und mit den Kriegen in aller Welt gleichsam vernünftig abfinden; es ist vernünftig, denn es sind ja Tatsachen, aber die Tatsachen, an denen die einen tatsächlich sterben, machen die anderen, die sich vernünftig damit abfinden und die ihrer Vernunft gelegentlich ein fahl schmeckendes, konventionelles Bedauern beimischen, auch nicht lebendig; es sind Zombies.

Schreiben gegen Tod provoziert ein Mißverständnis; es könnte eine Antwort, eine einmal gegebene und dann abwandelbare Antwort auf die Fragen des Lebenssinns geben. Es könnte also zum Dogma führen und zur religiösen Schrift. Wer die Endlichkeit und ihren Einschnitt, den Tod bestreitet, sie also fixiert, hat sie schon zum Thema und hat damit auch die Religion zum Konkurrenten. Das einzige, was dagegen hilft, ist nichts zu wissen. „Immer fragt man dich“, schreibt Canetti, „was du denn *meinst*, wenn du den Tod beschimpfst. Man will die billigen Hoffnungen von dir, die in den Religionen bis zum Überdruß abgespult werden. Ich weiß aber nichts. Ich habe nichts darüber zu sagen.“

Darin unterscheidet sich die Revolte von der Revolution: Die Revolution gibt am Schluß eine feststehende Antwort, der man kaum mehr widersprechen kann; der Revoltierende hingegen weiß, außer der seiner Revolte, eben keine Antwort, und er muß versuchen, gerade darauf stolz zu sein. Der Stolz kommt nicht von ungefähr. Das hat eine Tradition: Auch Hegel hat die stoischen Philosophien als knechtische Ideologien charakterisiert, weil sie sich mit den Tatsachen, auch mit dem Tod, durch einfache, rhetorische Techniken der Versöhnung zufrieden geben. Sie setzen nichts aufs Spiel, was soll man sich auch streiten, da das Leben so kurz ist, und der Tod ohnedies weit draußen, im Leben von keinem noch erlebt. Der entfernte Tod geht den Lebenden nicht an; er ist sozusagen gar nicht satisfaktionsfähig. Man unterwirft sich, indem man tut, als ob eh nix sein könnt, weil man weiß, wenn man anders täte, käme es zur sinnlosen, zur aufreibenden Konfrontation.

„Mein Charakter“, sagt der Empörer Canetti, „mein Stolz besteht darin, daß ich dem Tod noch nie *geschmeichelt* habe. Wie jeder habe auch ich ihn mir manchmal, sehr selten, gewünscht, aber kein Mensch hat je ein Lob des Todes von mir vernommen, keiner kann sagen, daß ich den Nacken vor ihm gebeugt, daß ich ihn anerkannt oder bereinigt habe. Er scheint mir so nichtsnutzig und böse wie je, das Grundübel alles Bestehenden, das Ungelöste und Unverständliche, der Knoten, in dem alles von jeher geschürzt und verfangen ist und den niemand zu zerhauen gewagt hat.“

Es ist umgekehrt schwierig zu sagen, worin denn das Unverständliche des Todes besteht; der Tod hat sich wie selbstverständlich in aller Banalität ausgebreitet: Zum Stammersdorfer Friedhof führt ein Bus, zum Zentralfriedhof die Straßenbahn; die Grabinschriften sind von mickrigem Pathos, sie ergreifen keinen. Die riesigen Doppelmassen der Lebenden und der Toten scheinen ihre Hauptbeziehung darin zu haben, daß die einen die anderen nicht betreffen. Die überschaubare Zahl der eigenen Toten ist erträglich, läßt sich im Zaum halten. Der eigene Tod ist noch spürbar aufgeschoben, die „Befristeten“ kennen auf Erden sein Datum nicht.

Den Tod als „Grundübel alles Bestehenden“ sieht man erst, wenn man einen Menschen sieht oder gesehen hat, ein so sich mühendes Wesen, in seinen Glücksmomenten, in seiner Trauer, in seinen Wesenszügen, die er für sich allein hat, ein auf seine Art sich mühendes, aus allen Paradiesen vertriebenes Wesen. Daraus macht der Tod eine Leiche, wie aus allen anderen auch. Man kann darüber larmoyant werden, billige Trauer empfinden, Sentimentalität über das allgemeine gemeine Schicksal, und man kann auch, wie Canetti, die philosophische Begabung zu staunen, daß etwas ist, in die Empörung verwandeln, daß etwas wie der Tod ist.

Der Tod erweist sich in „Masse und Macht“ als Fundament, auf dem die Macht der Machthaber stets bauen kann. Niemand weiß, was ohne Tod wäre, aber sicher ist, daß dieser in vielen Verkleidungen und Modernisierungen auftretende Anreiz, andere zu überleben, die Welt bewegt; wieviele Qualifizierungen, Klassifikationen sind im sogenannten „Laufe der Geschichte“ schon getroffen worden und sind noch im Umlauf, um „den anderen“ einen Namen zu geben, damit man sie überschauen und überleben kann.

Canettis Werk ist ein merkwürdiger Versuch, durch die Bejahung und Verehrung des Anderssein der Anderen, der Unterschiede zwischen allen, zugleich auch darzulegen, daß es *diese* anderen gar nicht gibt; nicht diese, die zum eigenen Überleben als andere definiert worden sind. Es ist ein umfassender (ein sehr problematisches Wort für Canetti) „Humanismus“, der der humanistischen Falle entgehen möchte: Die humanistische Falle konstruiert gerade den Menschen und negiert damit in Theorie und Praxis, was dieser Konstruktion nicht entspricht. Einer, der anders aussieht, als das konstruierte Menschenbild es zeigt, ist dann kein Mensch. So wie die Aufklärung in Gegen-Aufklärung umzustürzen vermag, wird auch der Humanismus leicht zum Opfer einer Dialektik, die ihn zum Mittel, zur Propaganda der Inhumanität werden läßt.

Die ersten, gleichsam ganz großen Worte der Autobiographie stehen in dem Kapitel „Familienstolz“; diese Worte fassen das Thema „Schreiben gegen den Tod“ zusammen, und sie zeigen zwei andere Fallen des Humanismus, denen man auskommen muß, um über Menschen Wahrhaftiges sagen zu können. Die erste Falle ist der illusionäre Humanismus; er wäre ein Gebäude, in dem man sich angenehme Illusionen über die Menschen macht. Die zweite Falle ist ebenfalls bekannt; es ist der grundlose, der bodenlose, daher gefährlich werdende Humanismus, der die Leute nicht leiden kann, der aber die Menschheit liebt.

In dem Kapitel „Familienstolz“ beschreibt also Canetti, worin sein Humanismus verankert ist: in der Familie, und zwar gleichsam „vermittelt“ durch die Identifikation mit der Mutter. Auch in Canettis Familie war der Wahnwitz zuhause, vor allem in Form der Besessenheit von Geldangelegenheiten. Die Mutter pflegte die wahnwitzigen, habgierigen, einander in Prozessen zerstörenden Familienmitglieder mit ihrem durchdringenden Verstand, mit ihrer „an den großen Werken der Weltliteratur“ und auch an der eigenen Lebenserfahrung geschulten Menschenkenntnis zu analysieren: „Sie erkannte die Motive der wahnwitzigen Selbstzerstörung, in der ihre Familie begriffen war.“ Doch: „Ihr Stolz auf diese selbe Familie blieb unerschüttert. Wäre es Liebe gewesen, ich hätte es eher begriffen. Aber viele der Protagonisten liebte sie gar nicht, über manche war sie empört, für andere empfand sie Verachtung, für die Familie als ganze empfand sie nur Stolz“, und Canetti beschließt das Kapitel „Familienstolz“ mit einer Betrachtung des eigenen, todfeindlichen Humanismus als einer Art Parallelaktion zum mütterlich familiären: „Spät habe ich erkannt, daß ich, auf die größeren Verhältnisse der Menschheit übertragen, genau wie sie bin. Ich habe den besten Teil meines Lebens damit zugebracht, dem Menschen, wie er in den historischen Zivilisationen erscheint, auf seine Schliche zu kommen. Ich habe die Macht so erbarmungslos untersucht und zerlegt wie meine Mutter die Prozesse in ihrer Familie. Es gibt wenig Schlechtes, was ich vom Menschen wie der Menschheit nicht zu sagen hätte. Und doch ist mein Stolz auf sie noch immer so groß, daß ich nur eines wirklich hasse: ihren Feind, den Tod."

In einem der großen Filme Ingmar Bergmanns hat die Hauptgestalt, ein sehr alter Mann, in der Nacht vor einer Reise zu einer Ehrung für sein wissenschaftliches Lebenswerk einen Traum. Träumend sieht er sich in einem bisher unbekannten Stadtteil wieder. Dieser Stadtteil ist wie ausgestorben, und so, als ob der Mann seine räumliche Desorientierung durch eine zeitliche Orientierung wettmachen möchte, blickt er, auch wie um sich zu schützen, auf seine Taschenuhr. Aber zu seinem Entsetzen hat diese Uhr plötzlich keinen Zeiger mehr. Dann starrt er nach oben und ist noch mehr entsetzt, denn auch eine Straßenuhr zeigt nichts an. Also weder das Private in der Tasche noch das Öffentliche auf der Straße zeigen mehr als nichts. Doch da plötzlich, in diesem Augenblick hört man ein Geräusch. Das Geräusch ähnelt sehr dem Ticken der Wohnzimmeruhr des alten Mannes. Es klingt verwandt, aber es ist ein lautes, immer lauter werdendes Herzklopfen. In diese Angst hinein fährt auf einmal ein von zwei schwarzen Pferden gezogener Leichenwagen, und dies ist nicht genug, vielleicht ist es schon zuviel: Eines der Räder verfängt sich in einem Laternenpfahl. Die Pferde gehen durch, und ein Sarg fällt vor dem Alten aus dem Wagen. Aus dem Sarg greift eine Hand nach der seinen. Es liegt im Sarg, wie er voll Angst erkennen muß, niemand anderer als er selbst. Er selbst zieht sich in den Sarg, und er selbst reißt sich los, aber bevor dieser Kampf noch entschieden ist, hört man das unentwegte Geräusch einer tickenden Wohnzimmeruhr: „Niemand bekannt das Geheimherz der Uhr", heißt es in Canettis „Geheimherz der Uhr" genannten Aufzeichnungsband.

Daß sich die Bilder gleichen, ist weder zufällig noch absichtlich. Sie entsprechen einfach dem, was man vom Leben, von der, wie Canetti an einer Stelle sagt, „Substanz des Lebens" (Geheimherz) wissen kann. Die Bilder sind vielgestaltig, die Geschichten sind vielstimmig, aber sie haben auch einen übereinstimmenden Kern, eine „Substanz". Wenn es Kreise gibt, die Canettis Denken zieht, so ist der erste Kreis der seiner Familie, der „höchste" der der Menschheit, dann die Lebenskreise der unverwechselbaren Einzelnen, schließlich die Tier- und Pflanzenwelt, und keineswegs am Schluß steht die Familie der Dichter, zu der Canetti stolz sich zählt, weil in ihr das Wissen vom Leben in seiner Vielgestaltigkeit und Vielstimmigkeit gewaltlos überlebt.

Schreiben *ist* gegen den Tod, nach Canetti aus sich heraus, und in diesem Sinne wird hier „Schreiben gegen den Tod" auch verstanden: Es meint nicht die Empörung gegen den Tod, nicht die Todfeindschaft, sondern es meint die spezifische Vitalität, die das Schreiben selber darstellt. Also geht es im folgenden nicht um das „System" des Unheils, das mit dem Tod und seiner Anerkennung verbunden ist, sondern es geht um das Schreiben, insoferne es per se gegen den Tod ist, freilich in aller beängstigenden Zwiespältigkeit; zwiespältig ist es im Sinne jenes Satzes aus dem „Geheimherz der Uhr", in dem sich der Alte von Ingmar Bergmanns „Wilden Erdbeeren" leicht wieder erkennen könnte: „Hier steht er und sieht sich den Tod an. Der kommt auf ihn zu, er stößt ihn zurück."

Wo aber anfangen? Bei den Dichtern. Daher ist das folgende eine kleine Dichterkunde geworden, die sich auf Texte vor allem aus der „Provinz des Menschen“ stützt, welche dafür gewöhnlich nicht herangezogen werden. Beiseite gelassen sind die eher bekannt erscheinenden Auffassungen Canettis über die Dichter. Die Dichter bieten gewiß nur einen kleinen Aspekt des Themas „Schreiben gegen den Tod“, vielleicht nicht einmal den wesentlichen, und gewiß den am meisten vordergründigen. Aber sie sind die Menschen, die es zustande bringen oder nicht.

Canettis Verhältnis zu den Dichtern ist keineswegs so hochgestimmt, wie sein Aufsatz „Der Beruf des Dichters“ im „Gewissen der Worte“ es vielleicht vermuten ließe. Gerade aus Canettis Sicht, zu der auch der menschheitliche Blickwinkel gehört, zeigt sich sofort eine Grundschwäche der „modernen“ Dichtung, an der nicht zuletzt die Dichter selber schuld sind: „Mit zunehmender Reife“, schreibt Canetti in der „Provinz des Menschen“, „macht sich eine Abneigung gegen die Einzelstimmen der Dichter bemerkbar. Man sucht das Namenlose, die großen Erzählungen der Völker, die für alle da waren, wie die Bibel und Homer und die Mythen der einfach gebliebenen Stämme. Jenseits dieses Ozeans aber interessiert man sich für die privatesten Schwächen und Armseligkeiten derer, die sich darüber äußern können; und so gerät man doch wieder an die Einzel-Dichter. Aber nicht als Dichter können sie einen fesseln, nur als die Torhüter des Privatesten; und das Porzellan, das sie bemalen und als ihr eigentliches Erzeugnis ausstellen, möchte man zu gerne zerschlagen.“

Solche Einzeldichter sind nicht „die Hüter der Verwandlung“, sondern die Hüter ihrer Einzelstimmen; auch in der Dichter-Familie sind sie bloß Agenten ihrer selbst, ihr Name ist ihr Kapital, es trägt Zinsen. Dahinter steckt ein Zivilisationsprozeß, von dem unter anderem auch die großen anonymen, allen gehörenden, dafür aber alle, die sie gehört haben, verpflichtenden Erzählungen zur Literatur „subjektiviert“ und daher ins beinahe Beliebige, sprich ins Private gerückt worden sind: An der Dichtung sind plötzlich die Dichter merkwürdig, und diese selber kommen ihrer Merkwürdigkeit nach, indem sie mit dem Privatesten herausrücken. Es folgt darauf der Beifall des Publikums. „Jede verächtliche Äußerung“, schreibt Canetti, „über den Charakter von Dichtern im allgemeinen … befriedigt mich. … Ich weiß sehr wohl, wie ungerecht dieses Urteil ist …, aber etwas in mir sagt: ‚Ja, ja pfui Teufel, Dichter‘.“

Wenn man jedoch zu einer Familie gehört, gibt es nichts anderes; es gibt nichts, das man über die Familie kommen ließe. Es bleiben nur, da Einsicht besteht, die gemischten Gefühle, das Einerseits-Anderseits. „Wahrscheinlich“, heißt es bei Canetti einerseits, „ist es die Gefallsucht, die Ruhmsucht, die Pfauenhaftigkeit des Dichters, was mir Mißbehagen verursacht, während“, und jetzt kommt das Anderseits, „ich den Reichtum seiner Verwandlungsmöglichkeiten durchaus nicht ablehne.“

Das ist realistisch gedacht, denn sofern man auf Verwandlungsmöglichkeiten Wert legt, muß man auch die verzerrten Formen in Kauf nehmen, in denen heutzutage allein die Verwandlung möglich ist. Canettis diesbezügliche Mischung der Gefühle beruht auf von ihm genau unterschiedenen Elementen: tote Dichter einerseits, lebende anderseits. „Ein guter Teil der lebenden Dichter, die ich bis jetzt kennengelernt habe“, heißt es nämlich weiter, „haben mir mißfallen; … das ließe sich aber damit erklären, daß man vielleicht gern der einzige wäre.“

Es gibt Dinge, vor allem in der Geltungslust, bei denen man sich selbst nicht über den

Weg traut. Die Selbstgewißheit durch den Zweifel ist gerade Canetti vertraut; das eigene Wünschen und Begehren hat einen unbekannten Boden. Würde man vorgeben, auch ihn zu durchschauen und sich selbst ganz zu durchschauen, dann würde man mit einem Male doktrinär sein und zugleich leer, ausgetrocknet. Undoktrinäre Selbstgewißheit ist, wenn man sich schon einbildet, die Dummheit definieren zu können, das Gegenteil von Dummheit. Sie ist auch keine Selbstunsicherheit, sondern ein geistiger Zusammenhang, in dem das Unverfügbare selbst des eigenen Seins eine belebende Rolle hat.

Die anderen Dichter sind unter Umständen ein Grund aufzuatmen. Es scheint, als ergäben sich diese Umstände, wenn die Dichter tot sind: „Was ich aber über frühere Dichter lese", schreibt Canetti, „mißfällt mir fast nie ... selbst Baudelaire, dessen Lebensweise wenig Anziehendes hat, ist mir ein teurer Mann geworden, seit ich mehr über ihn weiß. Schon das Tastende und Unsichere des Dichters, allem Konkreten gegenüber, hat etwas, das mich besticht."

Diese Sätze bringen einen einerseits in Verlegenheit, denn es ist nicht ausgemacht, worin das wenig Anziehende von Baudelaires Lebensweise bestehen soll. Vielleicht darin, daß er die Mama stets auf das widerwärtigste um Geld anpumpte („Hören Sie nun, worum ich Sie flehentlich bitte, so sehr fühle ich, daß ich an den äußersten Grenzen der Geduld angelangt bin, nicht nur der der anderen, sondern auch meiner eigenen. Schicken Sie mir, auch wenn es Sie große Mühe kosten sollte und Sie diesen letzten Dienst nicht wirklich für nützlich halten, nicht nur den erwähnten Betrag, sondern darüber hinaus ..."), oder gar, daß er „die Hingabe an die Faszination des Zerstörenden" kultivierte? Immerhin hat Walter Benjamin Baudelaires Lebens- und Schreibweise als Vorbild, als Inbegriff jener „Moderne" verstanden, in deren Nachwirkung die Dichter bis heute so sind, wie sie halt sind.

Das könnte es ja sein; aber anderseits, wenn man über den Dichter Baudelaire *mehr* weiß, dann sieht man gerade an seiner modernen Gestalt das spezifisch Dichterische, nämlich das Tastende und Zögernde dem Konkreten gegenüber. Das Konkrete, das ist im bürgerlichen Leben zumeist ein Abstraktum, nämlich das Geld und die geldbringende Nützlichkeit. Man verhält sich nützlich und ergreift ohne zu zögern jede Gelegenheit, bei der es Geld gibt, am Schopf. Canettis erster großer Lebens-Feind war ein Onkel, ein Geldmann: „... er wurde der verhaßte Feind meiner Jugend ..., aber für die Familie wurde er die Figur des Erfolgs, und Erfolg war Geld."

Gegen so ein Leben stehen nach Canetti die Dichter. „Was mich aber im Sturm erobert", schreibt er, „ist die Reichhaltigkeit ihrer Illusionen über alles, was ihnen geschieht. Über die Dinge, die sie selber betreffen, denken sie meist das Falsche, bloß um sich vielerlei denken zu können. Was ist daran so schön, so bezwingend? Die Fülle ihrer Illusionen, oder deren Verfehltheit?"

Canetti nennt in seiner Autobiographie den Kampf seiner Mutter gegen ihn, genauer ihren Kampf gegen die Fülle seiner Illusionen und Verfehltheiten einen „Kampf auf Leben und Tod": „Wenn es sehr böse zwischen uns zuging, behauptete sie, *ich* hätte sie getötet." In dem Kampf ging es um den „Realitätssinn", der nach Meinung der Mutter dem Sohn zunehmend abging. In der allgemein so genannten „Realität", in der „Wirklichkeit" ist es ja eine Gefahr, sich prinzipiell Falsches zu denken, *um* (sonst ist es nicht so eine Gefahr) sich vielerlei zu denken. Das Vielerlei auf der Grundlage von Illusionen belebt die Einfalt der entzauberten Welt.

Man muß aber nicht verschweigen, daß Canetti „beides" haben möchte und es auch bekommen hat, nämlich Fülle und Verfehltheit der Illusion einerseits, ohne anderseits vom Gegenzauber der Realität entzaubert zu werden. Das steht geradezu als ein vielleicht sehr bürgerliches, doch beherzigenswertes Programm der Lebensklugheit in der „Fackel im Ohr": „Gegen die falsche Wirklichkeit, mit der man mich bedrohte, die der Nüchternheit, der Starrheit, des Nutzens, der Enge, mußte ich die andere Wirklichkeit finden, die weit genug war, um auch ihrer Härten Herr zu werden..."

Das ist die Utopie der Utopie, eine Rückversicherung in einer Illusion, in einer Verfehltheit, die aber das gemeinhin „Wirklichkeit" Genannte (und als Ziel Aufgezwungene) sozusagen „unter sich" hat, so daß diese „falsche Wirklichkeit" ihrerseits nicht mit der ihr eigenen Enge und Starrheit zurückschlagen kann. Beschränkt sich eine solche Utopie nicht auf das Private, als Rückversicherung für einen Einzelnen, der Dichter werden möchte und der dafür Illusionen braucht, so wäre keine bessere, konkret allgemeine Formulierung einer Utopie für alle denkbar. Da es aber allen, den meisten, anders geht, bleibt wiederum nur der Dichter; er verkörpert, und sei es in seinem Scheitern, vereinzelt und zugleich mit den anderen Dichtern die Utopie von einer Illusion, mit der man die Realität einerseits im Zaum hält und sie anderseits von sich selber befreit: durch Belebung erlöst.

„Was ist daran so schön", fragt Canetti also, „so bezwingend? Die Fülle ihrer Illusionen, oder deren Verfehltheit? Ich kann es schwer entscheiden", schreibt er dann weiter und wiederholt auf seine Weise den bekannten Gegensatz, in den die modernen Dichter traditionell geraten: „Aber ich weiß, daß mir an den ‚Normalen', an den gewöhnlichen Menschen, die sich in den Alltag finden, am peinlichsten ist, wie alles von Stunde zu Stunde ineinander paßt, wie ihnen alles auf kurze Sicht stimmt. Sie steigen in eine Tram und erreichen ihr Ziel. Sie sind angestellt und geraten wirklich in ihr Büro. Es hat etwas einen Preis und sie kennen ihn. Sie mögen eine Frau und sie heiraten sie. Sie haben bestimmte Straßen, aber um wo hinzugelangen, nicht wie unsereins, der nur die Straßen liebt, die ihn nirgends hingeführt haben."

Die Verachtung der bescheidenen Zweckrationalität des Alltagslebens ruft Widerspruch hervor. Gäbe es überhaupt Straßen, die einen zum Glück nirgends hingeführt haben, wenn sich die Absicht nicht verbreitet hätte, wohin zu gelangen? Es kann auch sein, daß es eben bloß der Blick des Dichters ist, der die Abenteuer des Normalen nicht sieht, ja, der sie unsichtbar macht. Wer weiß, vielleicht geschehen Dramen auf der Tram, Tragödien im Büro, Gedichte bei den Preisen und Epen auf den Straßen. Dagegen spricht, daß die Dichtungsrichtungen, die sich darauf spezialisiert haben, aus diesen Voraussetzungen Dichtungen hervorzubringen, es kaum geschafft haben. Vielleicht läßt sich diese Welt, wenn man sie einmal ernst nimmt, nicht mehr „poetisieren", und vielleicht bleibt nichts anderes übrig, als es umgekehrt zu versuchen, nämlich von den sie ernsthaft verfehlenden Illusionen her.

Canettis Bild von den wahren Dichtern nähert sich, aber vermeidet in einer sehr schwierigen Balance am Schluß doch die starren Karikaturen des Geniekults. Wagt man es, die Dichtung zu definieren, dann ist sie eine Art „Zwischensprache", die Sprache zwischen den anderen Sprachen, auch den Fremdsprachen; in diesem ewigen Dazwischen berührt sie der Möglichkeit nach *alle* anderen Sprachen, die gelten. Sie schließt keine aus, nicht einmal die des gewöhnlichen Realitätssinns, aber sie bestätigt keine in ihrer Geltung. Die

Dichtung sagt auf die jeweils durch den einzelnen Dichter bestimmte Weise, durch seine Einzelstimme, daß sich die Sprache nicht festlegen läßt; sie läßt sich nicht abrufen, beliebig hervorholen, wie es in ihren eingespielten Geltungsbereichen den Anschein hat: die Sprache ist ein Wunder, oder vielleicht kommt sie einem nur so vor, weil man, wenn man einmal spricht, ihren Horizont nicht überschreiten kann und sie, wenn man diese Überschreitung versucht, immer nur in sich selbst spiegelt.

Es ist verlockend, sich der Dichtung zu nähern, indem man gleich die wundersamen Sprachen verwendet: zum Beispiel die des Wahnsinns. Das schafft eine günstige Assoziationsökonomie. In der Sprache des Wahnsinns kann man nämlich das Ausgefallene nach Plan verknüpfen. Aber dabei kommt nichts als eine Kostümkomödie heraus, eine Simulation. „Die Blendung" ist die Probe aufs Exempel: Darin kann man lesen, wie Canetti den Wahnsinn zur Sprache bringt, ohne eine Sprache des Wahnsinns zu simulieren. Es ist eine Zwischensprache, in die alle anderen, die religiöse, die kommerzielle, die medizinische, die konventionelle, die politische übersetzt sind.

Aber man könnte eben nicht sagen, wie es geht, wie er es gemacht hat, ohne es zu zerreden und zum Verschwinden zu bringen. Dichtung ist eben die Sprache hauptsächlich in ihrem Eigenleben; als solche muß sie an das anknüpfen, was an der Sprache „unbewußt" ist, und es ist bekannt, daß Canetti einmal tatsächlich das Wort „Unbewußtes" verwendet, nämlich an jener Stelle, wo er davon erzählt, daß die Ereignisse seiner ersten Jahre sich alle auf spanisch und bulgarisch abgespielt haben, daß er aber die Erinnerung an sie auf deutsch im Kopfe trägt. „Wie das genau vor sich ging", schreibt Canetti, „kann ich nicht sagen … Es ist nicht wie die literarische Übersetzung eines Buches von einer Sprache in die andere, es ist eine Übersetzung, die sich von selbst im Unbewußten vollzogen hat, und da ich dieses durch übermäßigen Gebrauch nichtssagend gewordene Wort sonst wie die Pest meide, mag man mir seinen Gebrauch in diesem einen und einzigen Falle nachsehen."

Die alte Dichtung, die allen gehörte, die Dichtung der alten Völker wird das kollektive Unbewußte oder wird das Unbewußte gleichsam kollektiv, also unschuldig ausgedrückt haben. Die Verlegenheit eines Humanisten, die Dichter als den wertvolleren, den eigentlichen Teil der Menschheit „den ‚Normalen', den gewöhnlichen Menschen" entgegenzusetzen, müßte nicht gering sein. Die Balance kommt dann daher, daß gerade Canetti als Dichter jene Menschen in Schutz nimmt, ihre Bedeutung erkennt, die wiederum der Normalsinn aggressiv abwertet: die geistig Kranken, die Behinderten.

Ihre Anerkennung geschieht im Werk Canettis keineswegs aus Mitleid, das vielleicht nichts als der insgeheime Triumph eines Bessergestellten sein würde. Diese Anerkennung geschieht aus dem staunenden, beinahe zudringlichen Erkennen ihres Lebendig-Seins: „… er lag immer, er konnte nicht gehen, er konnte Arme und Beine nicht bewegen, der Kopf lag schräg und erhöht, auf einem Kissen daneben lag ein offenes Buch und einmal, beim Vorübergehen, hatte ich gesehen, wie ihm die Zunge aus dem Munde herausfuhr und er mit ihr ein Blatt des Buches umdrehte. Das hatte ich nicht *geglaubt*, obwohl ich es deutlich sah, er hatte eine lange, spitze und auffällig rote Zunge. So war ich wie zufällig nochmals vorbeigegangen, so langsam, daß er Zeit gehabt hätte, eine ganze Seite zu memorieren, und richtig, einmal ganz in seiner Nähe, sah ich, wie die Zunge hervorschoß und das Blatt umdrehte."

Es ist ein und dieselbe Welt, nennen wir sie unscharf die „moderne", in der die Dichter ihren Hochmut gegen die ihnen gegenüber nicht minder hochfahrenden „Normalen" wenden. Canetti entfernt sich vom Geniekult auch, indem er genau festhält, wie sehr sich die Dichter dieser Welt selber der Normalisierung unterworfen haben. Sie sind durch öffentliche Auffälligkeit namentlich bekannte Privatleute geworden.

Aber diese Kritik am Privaten braucht man nicht zu teilen. Das ängstlich erworbene und triumphierend ausgestellte Private ist vielleicht ein angemessener Ausdruck der Vereinzelung, die in dem Maße früher, als es noch die alten, das Leben der Völker begleitenden Dichter gab, nicht erlitten wurde. Das verdichtete Private heute wäre dann auch Rache an der Öffentlichkeit, die gewiß nur geläutert Allgemeingültiges als ihrer selbst für würdig erachtet. Das richtig ausgestellte Private ist peinlich, daher vielleicht passend; es geht also, man denke nur an die vielen Clowns in der Kunstbranche, um die Frage, ob es hier noch eine Würde zu vergeben gibt, und in seiner Rede „Der Beruf des Dichters" nimmt sich Canetti gleich von allem Anfang an einen zum Gegner, der sich nicht Dichter, sondern der sich mit kalkulierter Schlichtheit „Jemand, der schreibt" nennt. Solch ein Schreibender hat sich wohl aus Canettis Perspektive nicht zufällig dem Tod verschrieben und ist von „Sterbesehnsucht" gepackt. Über seinesgleichen läßt sich sagen: „So verbesserungsunfähig und todeswürdig die Menschheit ihnen erschien, eine Funktion war ihr geblieben: ihnen zu applaudieren."

Jemand, der schreibt, mag eine Würde, die des Dichters, leugnen, indem er sie auftrumpfend nicht beansprucht. Anderseits gibt es auch die beanspruchte Würde; sie wird leicht zur falschen, zum Beispiel bei denen, die dichten und ihren Namen in aller Munde wissen wollen, während sie zugleich eine Würde für sich beanspruchen, die sich der Namenlosigkeit alter Dichter verdankt. Sie sind selber „normale" Leute geworden. „Wären die Dichter immer bloß ‚Fehlgeher'", schreibt Canetti, „so ließe sich nichts gegen sie sagen. Aber daß sie dann daraus etwas übersichtlich Bewundertes machen, nimmt den Fehlgängen den Ernst, der so sehr dazu gehören würde", und dann, man glaubt den Ohren nicht, die es vernehmen, beschwört Canetti den romantischen Mythos vom frühverstorbenen Dichter, wenn er sagt: „Dichter, die jung sterben, sind im Radschlagen noch nicht erfahren genug; so bleibt auch liebenswert, was man von ihnen weiß. Die anderen, die sich zur Vogelschau ihrer selbst erheben, werden von Jahr zu Jahr mehr abstoßend und verächtlich. Man möchte ihnen das Handwerk, auf das sie sich so viel zugute halten, aus dem Kopf schlagen, und die überflüssigen Jahre aus ihrem Leben."

Friedbert Aspetsberger hat unter dem Titel „Der Historismus und seine Folgen" Studien zur Literatur des 20. Jahrhunderts veröffentlicht; vereinfacht gesagt, erzählt der Germanist eine Verfallsgeschichte nach, in der der Historismus noch einen Höhepunkt darstellt. Vom Historismus gehts dann abwärts, denn Historismus meint in dieser Literaturgeschichte die Souveränität der Dichter, vor allem der der Jahrhundertwende, über das literarische und historische Erbe, das sie sehr genau kennen und das sie bewundernswert einsetzen. Freilich neigen sie dazu, Ordnungsschemata aus der Geschichte in ihre Gegenwart zu importieren und gleichsam inmitten ihrer Bücherbildung „zurückzubleiben", unlebendig zu werden.

Am anderen Ende dieser Entwicklung steht eine Gegenwartsliteratur, die auf Geschichtslosigkeit baut, sich auch auf sie verlassen kann und die über nichts als über ein paar variierbare Signale des Kommunikationsmarktes verfügt. Auch im Rahmen von

Canettis Werk sei ein solcher Bruch bemerkbar: „Die Blendung“ stünde noch auf der Höhe der modernen Klassik, sie wäre noch eine Übersetzung der vom einfältigen, gewöhnlichen Erleben kaum mehr erfaßbaren Welt in ein Kunstwerk, das auf seine komplexe, nicht widerspiegelnde, sondern umformende Weise wahr ist. Dieser Tendenz der klassischen Moderne zur Wahrheit entspräche auch „Masse und Macht“, da im besonderen der Zweite Weltkrieg die Dichter veranlaßt habe, Essayisten zu werden: *Nur so* hätten sie wahrhaftig dieser verheerenden Umwertung aller Werte beikommen können.

Aber schon Canettis Autobiographie greife zurück auf ein plausibles, abgegriffenes Modell der Mitteilung. In der Tat schafft eine Autobiographie allzuleicht Zugang, wo doch seit altersher nur im Verschlossenen die wertvolle Wahrheit besteht. Tatsächlich hat Canetti auch das Problem gesehen: „Löst du nicht alles auf“, schreibt er im „Geheimherz der Uhr“, „indem du das Persönliche nachlieferst? Findet man heraus? – Die Gefahr einer Lebensgeschichte.“

Freilich ist, aus der Absicht des Schreibens gegen den Tod, auch eine andere Lesart möglich. Es ist nicht notwendig, in Canettis Werk eine Hierarchie zu installieren, man kann auch das Symmetrische in den doch aufeinanderbezogenen Schriften betonen. Die Autobiographie, eine gängige Form, ist ein Sprachspiel, das den kaum überschreitbaren Lebensweisen entspricht: was ein Einzelner erlebt, teilt sich, falls der Einzelne im Spiel bleiben will, als Autobiographie mit, und wenn es im Schreiben gegen den Tod geht, ist es unmöglich, daß das *eigene* Leben ungeschrieben bliebe. Das Nachliefern des Persönlichen, das Private hat danach etwas Notwendiges und bedarf selbst der Rechtfertigung nicht, daß jedes eigene Leben auch ein Medium für die Lebensgeschichte anderer ist: Jeder ist ins Gedächtnis zu rufen, keiner ist zu vergessen.

Lesen freilich muß man Canettis Autobiographie vor-sichtig; sie hat etwas Bildhaftes, exemplarisch Vergegenwärtigendes. Was wie eine Anekdote klingt, kann zum Beispiel die anschauliche Darstellung eines Inbegriffs sein: Den Inbegriff jener deutschsprachigen literarischen Moderne, deren selbstregulative Entwicklung von Hitler zerstört wurde, gibt Canetti in dem Kapitel: „Das Gedränge der Namen. Berlin 1928". Dieser Ort und dieser Zeitraum sind sozusagen der Boden, der wirklich gewesene historische Boden, auf dem am deutlichsten, am schärfsten passiert, was Canetti in den „Aufzeichnungen“ über den Dichter eher abstrakt formuliert: Ist die schönste Erwartung von der Dichtkunst die Wiederkehr oder das Durchscheinen der alten, allen gehörenden Namenlosigkeit, so ist *Berlin 1928* eine Chiffre dafür, was sie als höchstes in der Glanzzeit großer Namen sein kann: „Was *ist* eine Glanzzeit? Eine Zeit vieler großer Namen, in nächster Nähe voneinander, und zwar so, daß ein Name den anderen nicht erstickt, obwohl sie einander bekämpfen. Wichtig daran ist die tägliche, die ständige Berührung, die Stöße, die das Glänzende sich gefallen läßt, ohne zu erlöschen.“

Es ist charakteristisch, daß ein gelegentlich als Historiker der Weimarer Republik auftretender Literaturkritiker die Glanzzeit nostalgisch heraushebt, im Anschluß daran aber bedauert, wie destruktiv am Ende doch die Gegensätze zwischen den großen Leuten gewesen seien. Das Problem ist nur, daß ohne diese Gegensätze und ohne das Destruktive, das sie beflügelte, gar keine Glanzzeit, gar keine Zeit gesteigerter Lebendigkeit gewesen wäre.

Umgekehrt freilich gibt es destruktive Gegensätze ganz ohne Glanzzeit. Vielleicht ist es der Instinkt derer, die nach einem Namen drängen, daß sie sehr gegensätzlich zueinander sind, weil sie auch eine Glanzzeit wollen. Canetti gibt dem Ausdruck dieses Begehrens einen schönen Namen; er nennt ihn „Namens-Zynismus", und jeder kennt ihn: Es ist diese Art, einem Namen durch Aussprechen einen Dreh ins Verächtliche zu geben, und er spielt in der Gemeinschaft der öffentlich namentlich Genannten eine gar nicht zu überschätzende Rolle: „Der erste, an dem ich diesen Prozeß des Namens-Zynismus beobachten konnte, war einer, den ich nicht selten sah. Es zeigte sich darin, daß er sich erst einmal über jeden, der sich durch etwas hervorgetan hatte, aggressiv äußerte. Das konnte als Ausdruck eines politischen Standpunkts erscheinen, war aber in Wirklichkeit etwas anderes, nämlich eine Art von Existenzkampf. Indem man das Wenigste anerkannte, indem man in alle Richtungen ausschlug, war man selber wer. Wer sich auf dieses Ausschlagen in alle Richtungen nicht verstand, der war verloren und konnte gleich wieder abziehen, für den war Berlin nichts."

Da der „Namens-Zynismus" auch in Wien bestimmend ist, da er vielleicht überall die Gemeinschaft der vereinzelten Dichter und Denker auszeichnet, sei noch eine andere Überlegung zur „Funktion" des Ausschlagens in alle Richtungen angebracht: Dichter (und an dieser Stelle ist die Gelegenheit günstig, daran zu erinnern, daß Canetti seine Berufungsbezeichnung so verwendet, wie im Abendland zum Beispiel die Begriffe Bewußtsein oder Ich verwendet wurden, nämlich absolut in ihrer Zuordnung zum männlichen Geschlecht aufgehend, und das mit der Unschuld einer niemals in Frage gestellten Macht), Dichter haben nicht nur eine Biographie, sie haben in der modernen Welt auch eine Soziologie; ein soziales Feld also, in dem sie einander und den anderen als Dichter plausibel sind. Dieses soziale Feld ist von allem möglichen bestimmt, von der Kritik, von der Subvention, von der Eitelkeit, vom Erfolg, vom Honorar, von den Preisen, vom Theater. Am allerwenigsten ist es bestimmt von der Dichtung.

Es gibt ein Beispiel (der Verfasser verdankt es Frank Tichy), das sowohl den Namens-Zynismus glänzend vorstellt als auch seine spezifische Funktion, im Existenzkampf die Dichtung eines anderen in die Niederungen des sozialen Feldes zurückzuholen, das alle miteinander gemein haben, weshalb jeder darauf achten muß (und es gibt sogar eigene darauf achtende Instanzen), daß keiner sich durch eine Dichtung von der sozialen Niederung befreit und auflebt. Das Beispiel: Anläßlich der Verleihung des Büchnerpreises an Elias Canetti meinte Friedrich Torberg zu Manes Sperber, er, Torberg, neige dazu, Canetti „für einen jüdischen Doderer zu halten, und da ich", schreibt Torberg weiter, „in stillen Stunden schon den Doderer für eine Fußnote zu Musil halte und den Musil für eine Rahmenhandlung zum Broch, bleibt für den Canetti nicht mehr viel übrig."

Der Namens-Zynismus ist eine Methode der Dichter, einander als Dichter umzubringen. Canettis Beschreibung der Berliner Zeit ist eine merkwürdige Vergegenwärtigung einer von ihm beinahe als vernichtend empfundenen Fremdheit, vor allem Brecht gegenüber. Man bekommt das Abstoßende zu spüren, ohne daß die Gestalt des Gegners von einer Urteilssucht zum Verschwinden gebracht wäre; die Hast, in der das Leben damals vor sich ging, sieht man förmlich. „Was mich aber am tiefsten beeindruckte", schreibt Canetti, „was bestimmend für mein weiteres Leben bis zum heutigen Tage wurde, war die *Unvereinbarkeit* dessen, was auf mich eindrang. Jeder Einzelne, der etwas war, und viele waren etwas, schlug mit sich auf die anderen los. … Ein durchsichtiges Leben kam so auf keinen

Fall heraus, aber darauf hatte man es auch nicht abgesehen, was herauskam, waren Bücher, Bilder, Theaterstücke, eines gegen das andere, kreuz und quer."

Das ist die alte Unübersichtlichkeit, ein Inbegriff auch jener Postmoderne, die man heutzutage bedient oder bekämpft (und damit vielleicht erst recht bedient). Canettis Lebensgeschichte erzählt eigentlich Bilder, Bilder verschiedener Gattungen, das große Gemälde der drängenden Namen oder im Gegenteil etwas Aufblitzendes nur aus einem Kammerspiel mit einer dienenden Frauensperson, nämlich „der hochgetürmte Berg ihres Hinterns". Bilder halten das Gewesene am Leben, sie sind Ausdruck einer Mnemotechnik, einer Erinnerungskunst. Das Problem ist klar: Ein menschliches Bewußtsein hat, wie soll man es sagen, im Laufe eines Lebens viele Eindrücke. Was geschieht mit ihnen? Daß, wenn es schon den Tod gibt, auch diese Eindrücke verschwinden sollen, obwohl sie mitteilbar sind, wäre unbegreiflich. Canetti beschreibt in der „Fackel im Ohr" ein Rembrandtbild: „Die Blendung Simsons". „An diesem Bild", sagt er, „… habe ich erlernt, was Haß ist. Ich hatte ihn früh empfunden …, mit Fünf, als ich meine Spielgefährtin mit dem Beil erschlagen wollte. Aber ein Wissen um das Empfundene hat man damit noch nicht, es muß einem erst vor Augen treten, an anderen, damit man es erkennt."

Das ist gleichsam eine Erkenntnistheorie; die Eindrücke, die man bloß hat, muß man realisieren, indem man sie als Bilder sieht. Anderseits kann man ein Bild erst erkennen, wenn man schon einen Eindruck davon hat. „*Wirklich* wird erst das Erkannte, das man zuvor erlebt hat. Ohne daß man es nennen könnte, ruht es erst in einem, dann steht es plötzlich da als Bild, und was anderen geschieht, erschafft sich in einem selbst als Erinnerung: jetzt ist es wirklich."

Aber Dichter können dieses allen mögliche Verfahren für sich anwenden: Sie schreiben sich die Bilder selber, an denen sie erkennen, was sie zuvor erlebt haben. Es ist ihnen geschehen, aber indem sie es aufschreiben, wissen auch andere davon und es bleibt im Gedächtnis. Die Autobiographie ist am Ende das in diesem Sinne „verwirklichte" Dichterleben.

Wie war das also mit dem Haß und dem Beil im Alter von fünf? Es ist eine ganz seltsame Geschichte: sie hängt sowohl mit dem Schreiben als auch mit dem Tod zusammen, ja, es ist die Geschichte von einem Verbot; dieses „hatte eine so nachhaltige Wirkung auf mich", sagt Canetti, „daß ich es als das eigentliche, das Urverbot in meinem Dasein bezeichnen muß: das Verbot des Tötens."

Der Fünfjährige lief seiner Spielgefährtin, der Cousine Laurica, mit dem erhobenen Holzhackerbeil nach, weil sie ihn aus einem Spiel ausschließen wollte, und aus einem Spiel, aus dem man ausgeschlossen wird, wird schnell Ernst: Sie, die Ältere, lernte gerade lesen und schreiben, und er durfte dafür wenigstens mit den Fingern auf die Buchstaben zeigen. „Laß mich die Schrift sehen", sagte er eines Tages wieder, aber diesmal erlaubte sie es nicht, und den Fünfjährigen erfaßte eine Mordlust, an die er sich im weiteren Leben stets erinnerte. Der Großvater verprügelte ihn mit einem Stock, und die Familie sah in ihm ein mörderisches Kind. Das prägt sich ein.

Die Schrift. Mag sein, daß das Alphabet den Bach runterrollt. Buchstaben, bevor man sie zur Schrift zusammengelesen hat, haben ohnedies etwas beängstigend Massenhaftes. Canetti ist kein Schriftexperte, im Gegenteil, er hintergeht die Schrift sogar in zwei Richtungen: in die eine zum Bild, zum Nicht-Schriftlichen, und in die andere zurück zum Vor-

Schriftlichen: „Als Dichter“, heißt es in der „Provinz des Menschen“, „lebe ich noch in der Zeit vor der Schrift, in der Zeit der *Rufe“,* und vielleicht kann man sagen, daß Canettis Schreiben „nur“ die Mitte darstellt zwischen den Bildern und den Rufen. An dieser Stelle (es wird vom Verfasser an anderer nachgeholt werden) müßte die Rede von den „Stimmen in Marrakesch“ sein, bei denen das Gehör sich geborgen fühlt, ohne daß der Sinn verstanden wird. Auch von der Zweiteilung der literarischen Disziplin müßte gesprochen werden, also von den Erzählern und Schreibern. „Hier fand ich mich plötzlich“, schrieb Canetti über die namenlosen, nur durch ihre Geschichten wirkenden Erzähler, „unter Dichtern, zu denen ich aufsehen konnte, weil es nie ein Wort von ihnen zu *lesen* gab.“ Außerhalb der Schrift existiert die Dichtung als eine spontane Lebendigkeit; sie aufs Papier zu kriegen, ist eben besagtes Schreiben gegen den Tod.

Man spricht vom Atem des Erzählers und davon, daß einem die Luft ausgeht. Es ist klar, daß man Canettis Konzept der Dichtung auch als tausendmal überholt betrachten kann. Von ihm selber her schon ist es gegen Modernes gedacht und dem Alten gewidmet: „Die Mythen“, sagt er in der „Provinz des Menschen“, „bedeuten mir mehr als die Worte, und das ist es, was mich am tiefsten von Joyce unterscheidet.“ Aber was bedeutet schon dieser Unterschied in einer Welt, von der Prof. Flusser mit Recht sagt, daß in ihr der Code der Macht in Zahlen geschrieben ist und es die Zahlen sind, die wiederum zu Bildern werden?

Schroff könnte man darauf antworten, daß diese Rechnung der Macht erst dann vollkommen aufgeht, wenn eines Tages für alle künstliche Beatmung die gern angenommene Vorschrift sein wird, wenn Zunge, Mund, Auge, Ohr mit virtuellen Realitäten, mit künstlichen Paradiesen und Katastrophen so gut bedient werden, daß sie ohne diese, auf sich allein gestellt, als unerträgliche Last empfunden werden. Das ist ohne Zweifel die Tendenz, der Fortschritt: Es ist schwer, zu hören, zu sehen, und noch viel schwerer, in Rücksicht darauf zu denken – und nicht nur, weil es einem selber schwerfällt, sondern weil vieles von dem, was zu hören und zu sehen ist, fabriziert wird, und weil die Fabrikation selber wiederum auf die Sinne zurückwirkt, die ja seit der Neuzeit, seit dem Beginn der modernen Naturwissenschaft nicht nur zu Unrecht immer weniger Vertrauen genießen.

Aber es bleibt ein Rest, ein Rest der alten Lebendigkeit; was er gelten soll, ob er vielleicht das Wesentliche ist oder höchstens ein produktiver Protest der Ungleichzeitigkeit, ist die Frage. Es ist Canettis „Humanismus“, das Anthropologische seiner Erkenntnisinteressen, das ihn als Dichter zum Anwalt der Sinnenhaftigkeit, *der* Quelle von Lebenskraft macht: „Klarheit und Durchsichtigkeit des Schreibens“, sagt er im „Augenspiel“, „ist keine automatische Eigenschaft, die, einmal erworben, bestehen bleibt, sie muß immer wieder und unaufhörlich erworben werden. Es muß einer die Kraft haben, sich zu sagen: Ich will es *nur so.*“

Aber das gesperrt gedruckte n u r s o ist ein willkürlich oder unwillkürlich „nicht ausgewiesenes“ Zitat. Am 23. September 1912, nach einer langen schweren Nacht des Schreibens der Geschichte „Das Urteil“, hat Franz Kafka in seinem Tagebuch festgehalten:

„*Nur so* kann geschrieben werden, nur in einem solchen Zusammenhang, mit solcher vollständigen Öffnung des Leibes und der Seele.“

Triumph des Überlebens

Canettis Thanatologie

Thomas H. Macho

Vorbemerkung: „Nicht vernünftig sterben“

Der Titel dieses Vortrags klingt ein bißchen irreführend. Canetti hat zwar zahlreiche Sentenzen über den Tod – besser gesagt: gegen den Tod – verfaßt, aber ganz gewiß keine Thanatologie. So vernünftig ist ihm der Tod niemals vorgekommen, daß er ihn einer systematischen oder auch nur „logischen“ Theorie gewürdigt hätte. Ganz im Gegenteil: die Anerkennung der Vernünftigkeit des Sterbens wäre dem Autor der „Befristeten“ als unerträgliches Einverständnis zumal mit dem Sterben der anderen erschienen. Keine Bejahung der Mortalität, auch und erst recht nicht mit achtzig Jahren:

„Aber ich verfluche den Tod. Ich kann nicht anders. Und wenn ich darüber blind werden sollte, ich kann nicht anders, ich stoße den Tod zurück. Würde ich ihn anerkennen, ich wäre ein Mörder.“[1] Ich wäre ein Mörder: so lautet der Schlüsselsatz einer ebenso radikalen wie ambivalenten Kritik des Todes, einer Athanatologie, deren innere Stimmigkeit und Logizität in den folgenden drei Meditationen entfaltet werden soll.

1. Meditation: Verfluchung des Todes

Aus zwei Gedanken bildet sich, was als Canettis Thanatologie gelten könnte. Der erste Gedanke: Es ist notwendig, den Tod niemals zu vergessen. Der zweite Gedanke: Es ist notwendig, dem Tod jederzeit zu widerstehen. Canettis Imperativ ist einfach, auch wenn es gar nicht einfach sein mag, ihm zu folgen. Er verbietet die Verdrängung des Todes, aber er verbietet auch das heroische, todessüchtige Einvernehmen mit dem Sterben. Er fordert, den Tod niemals zu verleugnen und ihn zugleich niemals zu ehren. Kurz nach dem Ende des Zweiten Weltkriegs schrieb Canetti: „Mein Haß auf den Tod setzt ein unaufhörliches Bewußtsein von ihm voraus; es wundert mich, wie ich so leben kann.“

Selbst ein dauerndes Todesbewußtsein erzwingt keine Bejahung des Endes. An wesentlicher – und doch theoretisch kaum faßbarer – Stelle widersetzt sich Canetti der mutmaßlich einflußreichsten Thanatologie des zwanzigsten Jahrhunderts – der Analytik des „eigentlichen Daseins“ in Heideggers „Sein und Zeit“. Dessen „Vorlaufen in den Tod“ gerät ihm zur inständig wiederholten, zur stets aufs neue gesuchten Abstoßung. Kein „Sein zum Tode“, ein „Sein gegen den Tod“ postuliert Canetti, kein „Vorlaufen“ also, auch kein „Davonlaufen“, sondern ein dagegen Anrennen.

„Hier steht er und sieht sich den Tod an. Der kommt auf ihn zu, er stößt ihn zurück. Er erweist ihm nicht die Ehre, mit ihm zu rechnen. Wenn dann die Verwirrung doch über ihn hereinbricht, – er hat sich nicht vor ihm gebeugt. Er hat ihn genannt, er hat ihn gehaßt, er hat ihn verstoßen. So wenig ist ihm gelungen, es ist mehr als nichts."[2]

So wenig ist ihm gelungen: der Autor hat den Tod nicht abgeschafft, und er weiß sogar, daß er ihm – irgendwann, vielleicht? – unterliegen wird. Aber doch „mehr als nichts": er hat kein Sterben akzeptiert, nicht einmal das Sterben der Tiere. Das poetische Einverständnis mit dem Tod hat er verachtet: gegen Heideggers „Freiheit zum Tode" hat er den Trotz des „Neinsagens" behauptet und gegen Rilkes „Stundenbuch"-Mystizismus die Wut einer untröstlichen Lebendigkeit:

„Warum wehrst du dich gegen die Vorstellung, daß der Tod in den Lebenden schon da ist? Ist er nicht in dir?

Er ist in mir, weil ich ihn zu attackieren habe. Dazu, zu nichts anderem brauche ich ihn, dazu habe ich ihn mir geholt."[3]

In solchen Sätzen spiegelt sich die Verweigerung aller Pakte mit dem Sterben, ob sie sich nun existentialontologisch, vegetationsmetaphorisch oder offen suizidal gebärden. Als wollte Canetti den „Dichtern und Denkern" alle primärmasochistischen Posen abgewöhnen, so wettert er gegen die Ideologen der Todessehnsucht: „Zu denken, daß einer für den Tod noch plädieren muß, als wäre er nicht ohnehin in erdrückender Übermacht! Die ‚tiefsten' Geister behandeln den Tod wie ein Kartenkunststück."[4]

Wie Kartenkunststücke wirken die komplexen Schematismen menschlicher Zeiterfahrungen; wie Kartenkunststücke erscheinen die psychoanalytischen oder transzendentalphilosophischen Subjektbegriffe. Der Tod möge bewiesen werden; desgleichen die Notwendigkeit, an seinen bevorstehenden Eintritt zu glauben. Und doch wird niemand gezwungen, sich einverstanden zu erklären mit dem Syllogismus der Sterblichkeit. Beklagt werden darf, was in theoretischer Hinsicht affirmiert werden muß; und alle Flüche verdient, was in abstracto keine positivierbare Widerlegung erlaubt.

Das Motiv dieser paradoxen Haltung: Solidarität unter den vom Tod bedrohten Lebewesen. Denn der Tod, besser vielleicht: die Toten sind in erdrückender Übermacht. Den Lebenden gilt die Maxime, „jedermanns Tod wie den eigenen [zu] hassen" und „mit allem einmal Frieden [zu] schließen, nie mit dem Tod."[5] Namens der Todgeweihten, der Sterbenden und der Gestorbenen, verwirft Canetti jeden Pakt mit der Endlichkeit. Den „Freudentränen der Toten über den ersten, der nicht mehr stirbt"[6], fühlt er sich nahe, auch wenn er – gelegentlich – die Möglichkeit einer Aussöhnung erwägt: sie könnte geschehen und bliebe dennoch wirkungslos.

„Es kommt heraus. Was? Was er sich immer zu denken gescheut hat. Soll es mit einer Liebeserklärung an den Tod enden? Holt er die Feigheit nach, gegen die er sich standhaft gewehrt hat? Schließt er sich den Psalmisten des Todes an? Wird er schwächer als die alle, deren Schwäche ihn ekelte? Wird er die Zersetzung würdigen, die seinen Bauch erfüllt und daraus das Gesetz seines Geistes machen? Alle Worte, die der Sinn und Stolz seines Lebens waren, widerrufen und sich zur alleinseligmachenden Kirche des Todes bekennen?

Es ist möglich, alles ist möglich; keinen elenden Selbstverrat gibt es, der nicht einmal Wahrheit wurde, so müssen statt der Geschichte der Worte *sie selber* gelten, unabhängig von allem, was danach oder zuvor war."[7]

An solchen Sätzen läßt sich zeigen: hier geht es nicht um Wissenselemente – ganz abgesehen davon: was wissen wir schon vom Tod? –, sondern um Haltungen. Haltungen, die im Zweifel eher mit biographischen Zwängen in Widerspruch geraten wollen als mit ihren Prinzipien. Canettis Thanatologie bestreitet nicht die Möglichkeit des Todes, wohl aber seine Rechtfertigung durch den Rekurs auf Notwendigkeit. Die exemplarisch neuzeitliche Identifikation von Individualität und Tod wird nicht bedingungslos anerkannt. Daraus folgt, daß es nicht angehe, sich mit dem Tod – dem eigenen Tod, dem Tod der anderen Menschen oder gar dem Untergang der menschlichen Gattung – auf irgendeine Weise abzufinden und zu arrangieren. Sterblichkeit soll der Vernunft ein Ärgernis bleiben, gegen das es sich lohne zu kämpfen, selbst wenn dieser Kampf aussichtslos erscheint.

Daß unser Dasein vom Tod betroffen ist, impliziert keineswegs, daß es sich auf den Tod als seine „ausgezeichnete Möglichkeit" (Heidegger) beziehen muß: das „Sein zum Tode" läßt sich als „Sein gegen den Tod" ebenso aufrechterhalten wie negieren. „Sein gegen den Tod" weigert sich, Sterblichkeit endgültig zu sanktionieren, und zwar ohne in dieser Verweigerung auf ein metaphysisches Unsterblichkeitsdogma zu regredieren. In einem Gespräch mit Ernst Bloch hat Theodor W. Adorno expliziert, „daß ohne die Vorstellung eines, ja, fessellosen, vom Tode befreiten Lebens der Gedanke an die Utopie, der Gedanke der Utopie überhaupt gar nicht gedacht werden kann. [...] Es gibt in der ganzen Utopie etwas tief Widerspruchsvolles, nämlich, daß sie auf der einen Seite ohne die Abschaffung des Todes gar nicht konzipiert werden kann, daß aber auf der andern Seite diesem Gedanken selber – ich möchte sagen – die Schwere des Todes und alles, was damit zusammenhängt, innewohnt. [...] Jeder Versuch, die Utopie nun einfach zu beschreiben, auszumalen: so und so wird das sein, wäre ein Versuch, über diese Antinomie des Todes hinwegzugehen und so zu reden von der Abschaffung des Todes, als ob der Tod nicht wäre."

Die „Schwere des Todes" wird auch in zahlreichen Sätzen Canettis spürbar. Aus ihnen spricht niemals der Geist, der es sich leichtmacht; kein lebensfroher Vertreter der Kunst des „positiven Denkens" oder des „joy of existence". „Aus der Welt entwischt, als einziger."[8] Canetti kennt die Sehnsucht nach dem Verschwinden: „Gottes Sehnsucht nach der Welt, wie sie war, bevor er sie erschuf."[9] In seinem Werk artikulieren sich alte gnostische Einsichten, freilich im Verein mit dem heftigsten Trotz gegen die Versuchung, dem Blick auf die Miserabilität der Verhältnisse mit suizidärer Intensität zu erliegen. „Wie wunderbar nimmt sich der Buddhismus aus neben unseren Lebensverneinern! Lebensekel, aber tausend Wiedergeburtsgeschichten."[10]

2. Meditation: Schuld des Überlebens

Die Haltung der Solidarität mit den Todesbedrohten; die Weigerung, den Tod als das „letzte Wort" anzuerkennen, weil diese Anerkennung stets die Zustimmung zum Sterben anderer Menschen implizierte; just das zentrale Postulat der Athanatologie Canettis ist allerdings zutiefst doppelbödig. Wie nämlich soll der wirklichen Schwäche der anderen begegnet werden, ihrer Niederlage, ihrem finalen Scheitern, ihrem Versagen, ihrem Untergang? Ist nur das – wie auch immer legitimierte – Einverständnis mit dem Tod ein Zeichen der Kapitulation, oder auch das Sterben selbst? Inwiefern verdient Thomas Manns Sentenz, daß niemand sterbe, bevor er damit einverstanden sei, Aufmerksamkeit, und zwar, weil sie zur Verurteilung der Toten – der Gescheiterten – einlädt? Schlägt die Achtung vor den

Lebensansprüchen der Mitmenschen in Verachtung um, sobald sie das Leben nicht mehr festzuhalten vermögen?

„Die Toten nähren sich von Urteilen, die Lebenden von Liebe.“[11] In seinem Nachruf auf Siegfried Kracauer hat Bazon Brock geschrieben, jeder Tod sei ein ungeheuerlicher Skandal. Daraus folge aber: „Wer ein Wort des Trostes spricht, ist ein Verräter an der Solidarität aller Menschen gegen den Tod. [...] Sprecht schlecht von den Toten, beschimpft sie, wütet gegen diesen Fall von Unvermögen, und ihr werdet schneller bereit sein, euch davon abzuhalten, das Gelten der Determination weiterhin anzuerkennen.“

Canetti hat eine solche Conclusio vermieden; und dennoch hat er ihre wesentlichen Dimensionen eindringlich bedacht und analysiert – nicht im Konvolut seiner Aufzeichnungen und Notizen, sondern in „Masse und Macht“. Ein Kapitel des Bandes trägt den Titel „Der Überlebende“ und kann als Schlüsseltext zu der hier knapp skizzierten Problematik studiert werden. Erinnern wir uns: Heidegger hatte die „Eigentlichkeit“ menschlicher Existenz aus deren Fähigkeit abgeleitet, in den – wohlgemerkt: eigenen – Tod „vorzulaufen“. Und er hatte, was ihm schon bald massive Kritik (u. a. von Dolf Sternberger, Karl Löwith, später auch von Marcuse und Adorno) eintrug, das Sterben der anderen aus dem ontologischen Frageraum völlig exkludiert. Ganz anders Canetti. Nur das „Sein gegen den Tod“, gefaßt als Überleben, ermöglicht die Erfahrung der Einzigartigkeit und Singularität des Daseins; wer überlebt – und sich den Leichen der anderen konfrontiert –, gewinnt „Eigentlichkeit“ als Eigenständigkeit. Da steht einer – mitten unter den Liegenden.

„Der Augenblick des *Überlebens* ist der Augenblick der Macht. Der Schrecken über den Anblick des Todes löst sich in Befriedigung auf, denn man ist nicht selbst der Tote. Dieser liegt, der Überlebende steht. Es ist so, als wäre ein Kampf vorausgegangen und als hätte man den Toten selbst gefällt. Im Überleben ist jeder des anderen Feind, an diesem elementaren Triumph gemessen, ist aller Schmerz gering. Es ist aber wichtig, daß der Überlebende *allein* einem oder mehreren Toten gegenübertritt. Er sieht sich allein, er fühlt sich allein, und wenn von der Macht die Rede ist, die dieser Augenblick ihm verleiht, so darf nie vergessen werden, daß sie sich aus seiner *Einzigkeit* und aus ihr allein herleitet.“[12]

Nicht die Vergewisserung des eigenen Todes – wie in „Sein und Zeit“ –, sondern die Vergewisserung des anderen Todes schafft die Evidenz des „eigentlichen Daseins“. Anders formuliert: das „Sein gegen den Tod“ birgt gleichsam eine mörderische Pointe, während Heideggers „Sein zum Tode“ einer suizidalen Pointe zum Ausdruck verhilft. Das Überleben – diese affektive (sadistische) Transformation primärmasochistischer Antriebe in den Mythos der eigenen Unverwundbarkeit – gerät leicht zur Sucht: was zahlreiche Kriegserfahrungen bezeugen.

„Die Genugtuung des Überlebens, die eine Art von Lust ist, kann zu einer gefährlichen und unersättlichen Leidenschaft werden. Sie wächst an ihren Gelegenheiten. Je größer der Haufen der Toten ist, unter denen man lebend steht, je öfter man solche Haufen erlebt, um so stärker und unabweislicher wird das Bedürfnis nach ihm. Die Karrieren von Helden und Söldnern sprechen dafür, daß eine Art von Süchtigkeit entsteht, der nicht mehr abzuhelfen ist.“[13]

Wer überlebt, will allein überleben. Den Singularismus der Überlebenssucht hat Canetti exemplarisch am Typus des paranoischen Herrschers zu erfassen versucht. Dem paranoischen Despoten wird die „Eigentlichkeit“ des einzelnen erfahrbar in seiner Macht, andere Menschen verurteilen und hinrichten lassen zu können: Canetti zitiert das „Leichenbankett des Domitian“ als Beispiel für die unheimliche Gewalt, die der Wunsch, dem Tode zu entkommen, annehmen kann, sobald er gegen andere Menschen gewendet wird.

Hinter der brillanten Analyse des „Überlebenden“ verbirgt sich freilich eine beunruhigende Frage: Tendiert nicht das Leben schlechthin – und zwar vor jeder Differenzierung – zum Überleben? Sind wir nicht allesamt mehr oder weniger geglückte Verkörperungen des grausamen Kaisers? Zählt nicht zu den unverzichtbaren Prämissen unserer Existenz, daß wir auf dem Rücken unzähliger Leichen ins Dasein treten und zeitlebens auf einem gigantischen Friedhof wandeln? Canetti hat diese Fragen auf den Vorgang der Zeugung selbst projiziert:

„Es ist nicht *eine* vereinzelte Samenzelle, die ihren Weg zum Ei sucht. Es sind ihrer etwa 200 Millionen. In *einem* Erguß werden sie zusammen ausgestoßen und bewegen sich nun dicht gedrängt auf *ein* Ziel hin. Ihre Zahl ist also ungeheuer. [...] Alle diese Samenzellen gehen, sei es auf dem Wege zum Ziel, sei es später in seiner unmittelbaren Nähe, *zugrunde*. Ein einziger Same dringt in die Eizelle ein. Man kann ihn sehr wohl als den Überlebenden bezeichnen. Er ist sozusagen ihr Führer, und ihm ist gelungen, worauf jeder Führer offen oder heimlich hofft: es ist ihm gelungen, alle, die er geführt hat, zu überleben. Aus diesem Überlebenden von 200 Millionen seinesgleichen entsteht jeder Mensch.“[14]

Muß man noch darauf hinweisen, daß und wie in solchen Formulierungen der Wunsch nach Langlebigkeit und nach Unsterblichkeit in den kruden, gnostischen Ekel vor dem Leben selbst umzuschlagen droht, und zwar vielleicht genau so, wie der Wunsch nach Solidarität mit allen Lebewesen, die vom Tod bedroht sind, zum mörderischen Triumph des Überlebens mutieren kann, zur Sucht, als einziger inmitten von Leichenbergen stehenzubleiben? Zwar wird das Phantasma der „Eigentlichkeit“ des Überlebens durchschaut: „Es ist nichts entsetzlicher als Einzigkeit, o wie diese Überlebenden sich alle täuschen!“[15] Aber auch dieses Wissen bleibt dem Zwang zur Selbsterhaltung unterworfen: „Man soll den Hunger nach Leben nicht mit seiner Billigung verwechseln.“[16]

Im Grenzbereich solcher Reflexionen gerät das Überleben zum Ausdruck von Schuld: „Die Überlebensschuld, die du immer gefühlt hast.“[17] Sie fordert „Sühne für die neuen Zusammenhänge, die er in die Welt gebracht hat“.[18] Nimmt der Lebende/Überlebende nicht stets den Platz eines Toten ein? „Manche hätten sich gefreut, die nicht mehr am Leben sind“, vermutet Canetti, „aber nicht so sehr, daß sie aus Freude zum Leben zurückkehren könnten.“[19] Sollte es nicht heißen: zurückkehren wollten? „Er hat einen Tritt ins Licht bekommen. Ist er glücklich?“[20] Wollten wir unter diesen Bedingungen überhaupt zur Welt kommen? – „Eine Schöpfung, die auf Fraß gestellt ist, – wie soll sie glücken?“[21]

3. Meditation: Keine Erbschaft

„Tot ist man nicht einmal mehr allein.“[22] Die Masse der Samenzellen, die an jedem Zeugungsunternehmen beteiligt waren, ist weniger erschreckend als die Masse der Toten, die vor uns gelebt haben. Deren Gewicht ängstigt den Überlebenden: „Es sind zu viele. Man stirbt am Übergewicht der Toten.“[23] Es sind die Toten, die alle Lust am Überleben unter Schulddruck stellen; es sind die Ahnen und Vorfahren, welche jenen Abstammungstribut erzwingen, der die Lebensfreuden verdunkelt.

Wie alle Gegner der Legitimation durch vergangene – und damit auch durch künftige – Generationen wehrt sich Canetti gegen die Bindegewalten genealogischer Ketten. „Man ist seinen Vorfahren dankbar, weil man sie nicht kennt."[24] Daher müssen – wiederum im Gegensatz zu Heidegger – alle Tendenzen zur Idealisierung von Erbschaft bekämpft werden. „Mit jedem neuen Geschöpf derselbe Versuch, als gäbe es keine Erbschaft. Der herrliche Wahnsinn des Menschen."[25] Herrlich, aber doch wahnsinnig: Canetti weiß natürlich, daß die Sehnsucht nach einem Bruch des Herkunftsvertrags kaum gestillt werden kann. Der Wunsch nach dem Eintritt in die Namenlosigkeit bleibt unerfüllt. „Sehr viele Leute können nur in Namen leben. [...] Namen sind ihre Spirituosen. Sie fürchten nicht, sie zu verbrauchen, andere Namen kommen nach, sie sind immer auf Ausschau danach, wenn es nicht anders geht, holen sie sich's aus Nekrologen."[26]

Wie wunderbar wirkt dagegen die Vorstellung, in „einem Lande [zu] leben, wo alle Namen unbekannt sind".[27] Wie befreiend erscheint die Idee eines Menschen, der durchs Leben kommt, „ohne ein einziges Mal seinen Namen zu unterzeichnen".[28] „Wie intakt ist ein Mensch, dessen Namen niemand kennt."[29] Und wie abgestorben sind andersgesinnte Zeitgenossen, die sich auf ihr Erbe und auf ihre Abstammung berufen: „Als er ganz und gar leer war, als nichts ihm verblieb, hielt er sich kühn an den Griff einer Herkunft."[30]

Eine traumhafte Utopie: die Namenlosigkeit als Inbegriff der Herkunftsvergessenheit, einer zeitentrückten Göttlichkeit. „Wozu erinnerst du dich? Leb jetzt! Leb jetzt! Aber ich erinnere mich doch nur, um jetzt zu leben."[31] Erinnerung figuriert als Medium der Entschuldung: sie will nicht erben, sondern auferstehen lassen. Nicht um die Beraubung der Toten geht es dann, sondern um deren Wiedererweckung.

„Die Besuche bei Toten, ihre Lokalisierung, ist notwendig, sonst verlieren sie sich unheimlich rasch. Sobald ihr legitimer Ort, der Ort, an dem sie sein *könnten*, wenn sie wären, berührt wird, gewinnen sie in überwältigender Eile ihr Leben. Plötzlich, urplötzlich weiß man wieder alles über sie, was man vergessen glaubte, hört ihre Rede, berührt ihr Haar und blüht auf im Glast ihrer Augen. Vielleicht war man damals der Farbe dieser Augen nie sicher, jetzt erkennt man sie, ohne sich eine Frage danach zu stellen. Es ist möglich, daß alles an ihnen nun intensiver ist, als es war, es ist möglich, daß sie nur in diesem plötzlichen Aufscheinen ganz zu sich selber werden. Es ist möglich, daß jeder Tote auf seine Vollkommenheit in der Wiederauferstehung wartet, die ihm ein Hinterlassener bietet."[32] Folgerichtig heißt es von Mohammed, dieser „Erfüllung für alle Propheten", er habe sich mit den Toten nur als „Gegenstände[n] der Auferstehung"[33] beschäftigt.

Die Grenze solcher Totenkulte zur Verstrickung in die trancehaften Zustände der Besessenheit ist mutmaßlich dunkel. Canetti legt Wert darauf, daß diese Grenze gezogen und befestigt wird. Sie bleibt gewahrt, sobald insbesondere jenen Toten Zugang und Raum eröffnet wird, die durch keine genealogischen Fesseln an den Lebenden geschmiedet wurden. Jede „Feierlichkeit ist dir erlaubt, nur nicht die deiner Herkunft".[34] Totengedenken muß vom Ahnenkult unterschieden werden. Daher erzählt Canetti von seinem „Sonderbund mit den Toten, die die Hoffnung noch nicht aufgegeben haben. Insgeheim läßt er sie kommen und nährt sie.

Aber manche drängen sich vor, die er gar nicht kennt, es sind die Toten *anderer*, sie sagen es offen: um uns kümmert sich niemand, – er hat nicht das Herz, sie zurückzuweisen, und gibt ihnen mit seinen zu essen, die das ganz gern haben. Sie fragen einander aus, neue Freundschaften entstehen, man ist weniger wählerisch als zu Lebzeiten und man begnügt sich einfach damit, daß es Leute waren, vielleicht erwartet man auch etwas Neues über die eigene Situation zu erfahren."[35]

Nicht auf die diachronen Brücken und Verträge kommt es an, die zwischen den Generationen gebaut und geschlossen werden können. „‚Wenn die Menschen ihre Verwandten wenigstens verheimlichten', meinte der Fremde, ‚so daß man nie wüßte, wer zu wem gehört. Herrlich wäre es, eine geheime Familie zu haben, wirklich ganz für sich, von der niemand etwas weiß, die man nur mit Vorsicht erreichen kann, weil jemand darauf kommen könnte...'"[36] Keine „heilige", sondern eine geheime Familie: Canetti bekennt, daß ihm die Toten – seine Toten – eine wirkliche Weltbürgerschaft gewähren und gewährt haben.

„Ich wüßte sie nicht mehr aufzuzählen, alle meine Toten. Versuchte ich es, ich würde die Hälfte von ihnen vergessen." Hier spricht kein Erbe, kein Empfänger generationenübergreifender Traditionen und Aufträge. „So viele sind es, überall sind sie, ich habe Tote auf der ganzen Erde zerstreut." Keine Herkunftsbeziehung ergibt sich aus der Nennung und Erinnerung der Gestorbenen. Keine Pflichten: „So ist die ganze Erde meine Heimat. Kaum ein Land, das ich mir noch erwerben müßte, die Toten haben es für mich besorgt."[37] Sie sind die Bürgen einer alten Hoffnung Canettis, die darauf gründet, „daß die ganze Erde so heißt wie jedes Stück von ihr".[38]

Nachbemerkung: „Jude sein"

„Sein Volk ist ihm nicht alt genug. Was Jordan! was Sinai! Früher, früher!"[39] Die Abstammungslogik verfehlt den Morgen, der dem Widerstand gegen den Tod Nahrung gibt. Einzig die Schuldempfindung des Überlebenden, die tiefe Empörung gegen den Massenmord am eigenen Volk bildet die letzte und intimste Fesselung an die Prinzipien der Herkunft. Im Jahr 1944 notiert Canetti: „Die größte geistige Versuchung in meinem Leben, die einzige, gegen die ich sehr schwer anzukämpfen habe, ist die: ganz Jude zu sein. Das Alte Testament, wo immer ich es aufschlage, überwältigt mich. An bald jeder Stelle finde ich etwas, das mir gemäß ist. Ich wäre gern Noah oder Abraham genannt, aber auch mein eigener Name erfüllt mich mit Stolz. Ich versuche mir zu sagen, wenn ich in der Geschichte Josephs oder Davids zu versinken drohe, daß sie mich als Dichter verzaubern, und welchem Dichter hätten sie es nicht angetan. Aber es ist nicht wahr, es ist noch viel mehr. Denn warum fand ich meinen Traum von den künftigen hohen Lebensaltern der Menschen in der Bibel wieder, als Liste der ältesten Patriarchen, als Vergangenheit? Warum haßt der Psalmist den Tod wie nur ich selbst? Ich habe meine Freunde verachtet, wenn sie sich aus den Lockungen der vielen Völker losrissen und blind wieder zu Juden, einfach Juden wurden. Wie schwer wird's mir jetzt, es ihnen nicht nachzutun. Die neuen Toten, die lange vor ihrer Zeit Toten, bitten einen sehr, und wer hat das Herz, ihnen nein zu sagen. Aber sind die neuen Toten nicht überall, auf allen Seiten, von jedem Volk? Soll ich mich den Russen verschließen, weil es Juden gibt, den Chinesen, weil sie ferne, den Deutschen, weil sie vom Teufel besessen sind? Kann ich nicht weiterhin allen gehören, wie bisher, und doch Jude sein?"[40]

Anmerkungen

[1] Elias Canetti: „Das Geheimherz der Uhr", München 1987, S. 200
[2] Ebd., S. 212
[3] Ebd., S. 7
[4] Elias Canetti: „Die Provinz des Menschen", Frankfurt am Main 1975, S. 53
[5] Ebd., S. 40
[6] Ebd., S. 57
[7] „Das Geheimherz der Uhr", S. 75
[8] Ebd., S. 202
[9] „Die Provinz des Menschen", S. 106
[10] „Das Geheimherz der Uhr", S. 164
[11] „Die Provinz des Menschen", S. 17
[12] Elias Canetti: „Masse und Macht", Frankfurt am Main 1980, S. 249
[13] Ebd., S. 253
[14] Ebd., S. 273 f.
[15] „Das Geheimherz der Uhr", S. 65
[16] Ebd., S. 136
[17] Ebd., S. 179
[18] Ebd., S. 31
[19] Ebd., S. 139
[20] Ebd., S. 53
[21] Ebd., S. 66
[22] Ebd., S. 91
[23] Ebd., S. 51
[24] „Die Provinz des Menschen", S. 37
[25] „Das Geheimherz der Uhr", S. 129
[26] Ebd., S. 153
[27] Ebd., S. 85
[28] Ebd., S. 113
[29] Ebd., S. 113
[30] Ebd., S. 208
[31] Ebd., S. 141
[32] Ebd., S. 114 f.
[33] „Die Provinz des Menschen", S. 130
[34] „Das Geheimherz der Uhr", S. 173
[35] Ebd., S. 50
[36] „Die Provinz des Menschen", S. 131
[37] „Das Geheimherz der Uhr", S. 18
[38] „Die Provinz des Menschen", S. 70
[39] „Das Geheimherz der Uhr", S. 188
[40] „Die Provinz des Menschen", S. 61

Die Sprache der Masse – die Macht der Sprachverfremdung

Michael Benedikt

I. Vorbemerkung zum „Sozialen Rätsel"

„Wer wirklich wüßte", so stellt Canetti sein Visier in den Aufzeichnungen von 1949 – 1960 ein[1], „was die Menschen miteinander verbindet, wäre imstande, sie vor dem Tode zu retten. Das Rätsel des Lebens ist ein soziales Rätsel. Niemand ist ihm auf der Spur."

Wer so sprechen kann, muß zumindest wissen, wie es nicht geht und welches Medium in dieser Blockade einzusetzen ist. Ohne Zweifel ist es für Canetti die Sprache der Masse, welche dieses gesellschaftliche Band, dieses vinculum substantiale ausmacht. Sich auf dieses Band, diese freie Assoziation, diese Assoziation freier Menschen einzulassen, ist jedenfalls Canettis eigentümliche Aufgabe, wenn er sich auch meist nur von der Kehrseite der Münze, aus den Notständen und selbstzerstörenden Schwachstellen diesem Bande nähert: Hat es diese universale Verbindung doch einerseits mit der dynamischen Betroffenheit der Unmöglichkeit des Todes der Anderen zu tun, eine Dimension, mit der nicht vorsichtig genug umgegangen werden kann; anderseits ist es Canetti um die Spannung zwischen zweierlei Verwerfungen zu tun, in deren Gespann sich die Möglichkeit einer Neuen Welt in Neuer Sprache zu bewegen und bewähren hätte:

Einmal um jene naturwüchsigen, wie auch immer schon von historischen Gestaltungen und Vergleichen überwucherten Momente unserer Projektionen in das uns Fremdeste und Verwandteste zumal, das Massenhafte des Tierreiches. Das andere Extrem wäre aber die durchlässige Wechselbeziehung, in der wir jedem uns Begegnenden gestatten, die Voraussetzungen unserer partikularen Fixierung entsprechend zu ergänzen.

Diese Durchsichtigkeit jedoch erfordert nicht nur höchste Kraftkonzentration, darüber hinaus hat sie die uns aus Gewohnheit oder Kraftverlust entstandene Blockierung jener Panzer zu durchbrechen, welche gelegentlich Kunst oder ein Begreifen des Erhabenen am jeweils Anderen nur gelegentlich und fulgurativ zu durchdringen vermag.

Jene Kraftkonzentration hat es also mit Machtschüben zu tun, welche unsere Wechselbeziehungen aus manifester Künstlichkeit besetzt halten, nämlich einmal als technische Kompensationen unserer zu schwachen Äußerungen zur Gewährleistung des Überlebens Anderer; darüber hinaus hat sich jene Kraft immer schon auf die Kompensation unserer gegenseitigen Verdeckungen und Verstellungen in Herausbildung täuschender Ordnungs-Organisationen gerichtet, die wir Institutionen nennen, und gleitet daran ab; drittens jedoch geht es um jene Manifestation abstrakter Gebilde von Tauschgleichungen, mit denen wir uns, von Muscheln bis zur raffiniertesten Kapitalisierung, die Gleichheit von der Ungleichheit jener Täuschungen vortäuschen.

Diese Vortäuschungen verkürzter Zeit, bewältigten Raumes, kompensierter Bewegung, sind aber nicht bloß auf die Wechselbezüge oder Verwandlungen Einzelner zueinander gerichtet: Vielmehr ist gerade jene oben benannte Spannung zwischen der massenhaften Tierheit, ihren historischen Projektionen und Kompensationen, und dies im Bezug eben zu jenem personalen Zueinander, welches die künstlichen Relationen erst aufzubrechen hat, im Gefälle jener Ausbreitung des Sichbegegnens auf dem Erdball zu sehen, welcher mit den letzten 50 Jahren dieser ungeheuren 500 Jahre das bloß Spielerische der Brutalität abgelegt hat, wie dies Canetti gegenüber den von ihm anerkannten und ihn rührenden Dichtern, Musil, Broch, Kafka, K. Kraus, feststellt.

So ist es jetzt ernst geworden: „Selbst nach dem ersten Krieg war es für manche Dichter noch möglich, sich mit Atemholen und Kristallschliff zu begnügen. Aber heute, nach dem zweiten, nach Gaskammern und Atombomben fordert das Menschsein in seiner äußersten Gefährdung und Erniedrigung mehr. Man muß sich der Roheit zuwenden, wie sie immer war und sich Hände und Geist an ihr vergröbern…"[2]

Wir sehen also: Canetti ist angesichts der Gefährdung der Menschheit in uns, zwischen der Würde der wie immer in sich künstlich gebrochenen Personalität, gegenüber der in sich historisch verschlungenen Tierheit an uns, auf der Suche nach dem von sich reinen Menschen, wie dieser sich zunächst im Geschlechterverhältnis, in Generationenabfolge, in Clans, deren Unterordnungsschematen, in arbeitsteiligen Gesellschaften, Rassen und Populationen, wie auch im Heilsegoismus religiöser Massen darstellt. In seinen Eigentümlichkeiten, Partikularitäten, Beispielfolgen rückt Canetti dieser Spannung aber, wir möchten fast sagen, eidetisch-typologisch, also phänomenologisch an den Leib; dies gälte vorab dann, wenn dieser Begriff nicht unterdessen problematisch geworden wäre.

II. Gesichtspunkte methodischer Betrachtung

1. Der psychologische Jargon in Ablehnung des philosophischen

Bekanntlich bezeichnet Canetti seine eigene Betrachtungsweise der Spannung des in sich zerworfenen menschlichen Gehabens zwischen natur-geschichtlicher Tierheit gegenüber der wie immer gebrochenen Intentionalität der aufs Wohl je Anderer gerichteten Personalität, welche sich beide eben auf das menschlich-massenhaft Gesellschaftliche richten, öfters als nötig als psychologisch.[3] Diese Reduktion ist nicht neu; sie war auch das Ferment der Frage- und Forschungsrichtung Sigmund Freuds, wenn sich dieser auch weniger mit methodologischer Metapsychologie als mit Erweiterung seiner psychoanalytischen Entdeckungen ins Therapeutische bzw. ins Gesamtmenschlich-Kulturelle, dies allerdings wohl auf enger Basis und in Anbetracht des Kriegserlebnisses, befaßt.

Nun war Freud Hörer Brentanos, Canetti war zu jung hierfür; wenn auch einige radikale Entdeckungen, nicht sosehr diejenigen, welche Brentano mit analytischer Philosophie oder aber mit Aristoteles verbinden[4], Gemeingut der gebildeten Stände im deutschen Sprachraum wurden, an welchem Gilbert Ryle 1929 in seiner berühmten Rezension zur Phänomenologie allerdings vorbeiging. Vielmehr würdigt Canetti eine Betrachtungsweise, welche, entgegen der Philosophie nicht die Konkreta, wie Äpfel, Birnen, Menschen etc., dann Fenster und Türen selber aus dem Fenster wirft, wie jene Philosophie, die es angeblich nur mit Farblosem zu tun habe, sondern schätzt gerade den Gang zu den „Sachen selbst".

Daß diese Husserlsche Devise aber, wenig zitiert, gerade von jenem Descartes stammt, der eher die Inhalte als das Gemeinte, Wirkliche zur Sprache brachte, bis ihm selbst die Wissenschaft des Strukturellen fadenscheinig zu werden begann, ist immerhin beachtlich. Husserls Phänomenologie selber, womöglich in allen vier Phasen vor dieser Beelendung und Blendung, entstammt der Brentano'schen Zweiteilung unseres reflexiven Wissens; zu diesem hatte sein teils naturwissenschaftlich-mathematisches Wissen, teils eine diese Erkenntnis noch überwindende Evidenz, jetzt, in dem für ihn ausgebrochenen und ansteckenden mystischen Zeitalter, zu einem zwanghaft wissenschaftlichen Aufbruch geblasen.[5]

Grundlagenwissenschaft wird also psychologisch, in einer Art Reflexion, welche die aristotelische mit der cartesianischen Gerichtetheit auf sich Selbst noch wechselweise überhöht und aufstuft. Demnach kennt Brentano, mit ihm Freud und Husserl zwei Arten wissenschaftlicher Philosophie, sprich Psychologie: Eine behavioristische, mechanistisch-statistische, welche es aber mangels Entsprechung mit ihrem archäologisch-genetischen Forschungsfeld kaum jemals zur Wissenschaft bringen würde, wie Brentano mit Bezug auf die so ausgeklammerte genetische Psychologie den Stab bricht.

Und anderseits eine analytisch-kritische Psychologie, die allein – auch in der Tradition Lockes – die einfachen und komplexen Inhalte der Gerichtetheit unserer Beobachtung (Intentionalität) bedeutungsanalytisch und sprachkritisch zu analysieren habe. Es fällt auf, daß Brentano, angesichts der erschöpfend darstellbaren Momente unseres rationalen Sprachausdrucks (also nicht der auch vorrationalen Aspekte gemeinschaftlichen oder individuellen Ausdrucks und seiner Mitteilung, vielmehr der auf wahr–falsch, auf schön–häßlich, auf gut–böse gerichteten Intentionen), den mittleren komplexen Sprachstrukturen gar ihre (künstlerisch–ästhetische) Eigenständigkeit nimmt, die Ersteren aber häufig nach regulativen Befehlen, die letzteren aber nach Analogie mit den Ersteren behandelt.[6] Die Sprache im Munde Brentanos wird sich gerade dadurch rächen, insofern er mit seinem jene komplexen Sprachformen umfassenden Begriff „Lebewelt“[7] einmal die Sphäre lauterster Personalität, ein andermal die biologische Vermischung von Mitwelt und Umwelt an uns anspricht und diese mehrdeutige Äquivokation keiner Lösung zuführt.

Wie gesagt hat Brentanos Schüler Husserl, schon um der eigentümlichen Momente des Strukturellen, welches namentlich im Blick durch das Symbolisch-Sprachliche hindurch erst dem Faktischen Bedeutung, Mitteilbarkeit verleiht, an jener Differenz auch dann noch festgehalten, als das genetisch-Archäologische seiner Unterteilung (zwischen naiv-mundan und phänomenologisch-deskriptiv) übermächtig gegen ihn anbrandete: In den Anthropologien Schelers und Gehlens, in der Fundamentalontologie Heideggers und der Protosoziologie von Alfred Schütz wurde nicht bloß deskriptive Psychologie „als strenge Wissenschaft“ zu Grabe getragen, deren Pompe funèbre sich Husserl übrigens 1935 anschloß, vielmehr fiel auch zuletzt die Trennung zwischen genetischer und deskriptiver Psychologie (Phänomenologie) – wenn man von Heideggers zeitweiser Verachtung gegenüber der Sphäre des faktisch-Öffentlichen, des mundan-Verfallenen und des faktisch-Uneigentlichen absehen mag. Canetti ist sicherlich kein minder scheuer Denker als Heidegger: Aber sein archäologisch-genetischer Zug hat das Große, die Kant'sche Dreiteilung von projektiv-Tierischem, von massenhaft Menschlichem und von jenem erhaben-Personalen, welches auf die Unmöglichkeit des Todes des je Andern geht, nicht zu fliehen, vielmehr noch ein Stück weiterzubringen. Ebensowenig wie er gegenüber den Verhältnissen von öffentlichem Mitsein zurückweicht, welche als Medium abstrakter Relationen, wie Technik, Institutionen, Tauschformen, sogar selbst als das Informationsgerüst der Sprache, gerade das unausweichlich abstrakt Massenhafte produzieren.

Wir halten fest: Auch noch vor der ausdrücklichen Sprachanalyse können wir in Canettis Anstrengung, das fruchtbare Bathos (also der weiten Verbreitung) der dem Menschen eigentümlichen und entscheidungsreifen Masse einerseits die Vermassung der Gebrochenheit unserer Personalität, anderseits die aus den Formen der Meute resultierende natur-geschichtliche Mimikrysituation zuordnen: als Spannung von Rückblick und Vorblick zumal.

2. Charles Taylors Sprachreflexion

In Erinnerung zu behalten ist zweierlei: Zunächst Canettis verwundertes Fragen, woher denn sein Ursprungsgedanke von „Masse und Macht", zugleich die Überwindung des Befehlsstachels in der produktiven Umkehrungsmasse[8], gekommen sei.[9]

Zum anderen ist das Faktum jener Vergeblichkeit nicht zu übersehen, welches aus dem Zusammenspiel von Informationswaffe und dem Mißglücken der fruchtbaren Sprache der Masse resultiert: „Im Wechselspiel der Verkehrung von Masse in taube und dumme Vermassung und deren ihr entsprechender Scheinausstieg in Selbstverwirklichungsstrategie" ist die Uneigentlichkeit jener Verfremdung manifest, deren Macht wir in der Überinformation nicht entrinnen können. Deshalb besteht meine Frage vom letzten Jahr fort: Ob also „Information uns behilflich sein wird oder nur zur Verzerrung der abstrakten gesellschaftlichen Verhältnisse verleitet, wer vermöchte diese Gebrauchsdiätetik zur Erfassung und Unterwanderung posttotalitärer Umstände, angeleitet von Canettis Archäologie des Befehlsstachels", schon zu entscheiden?

Der ersten Frage voran geht die vor Jahresfrist in einem elitären Wiener Emigranteninstitut von einem lieben Freund, dem großen kanadischen Sozialisten Charles Taylor, vorgebrachte radikale Unterscheidung von zwei divergierenden Sprachtypen, der analytischen und der hermeneutischen, denen man allerdings noch eine weitere wird hinzufügen müssen.

Einerseits ging es um die Ausgrenzung der deskriptiv- analytischen Sprache, welche ihren Bezugspunkt vornehmlich in naturwissenschaftlicher Festschreibung hat. Sowie sie einen Umweg über den Beschreiber sucht und macht, seine Position und Grammatik, seinen Sprachakt inmitten anderer vergleichbarer Sprechakte also, geht diese direkte Verbindlichkeit ihres Primats verlustig.

Anderseits geht es um jene Sprachform, die immer und überall ihren Umweg über ihre eigene Reflexion, deren Position, deren Sprechakt nehmen muß, um zu ihrer Relevanz, zu ihrer Wahrheit zu kommen. Hierzu gehören ohne Zweifel auch die Sprachformen des Befehls und deren geheime Implikation der Drohung, der Todesdrohung.

Weder die eine noch die andere Form aber reicht an Canettis Frage nach solch performativer Sprachform heran, welche als Sprache der Umkehrmeute und Umkehrungsmasse sich ihre eigene Ordnung gibt.

Canettis eigene Frage nach dem Resultat der Relativierung des Befehlsstachels in der Umkehrungsmasse, früher noch, in der vielfältig gemäß „Verwandlung" gestuften Meute, kommt also in die Mitte zwischen zwei anderen Fragen sprachlicher Relevanz zu stehen.

Während aber die dritte Frage eine akkurate Differenzierung von Sprachtypen gemäß einem Anwendungsbeispiel des Canettischen Musters des vorsprachlichen Befehlsstachels impliziert, welches an der von ihm wenig berührten Archäologie des Verwandlungsverbotes als Deskriptions- und Repräsentativmuster der Sprache deutlich wird, so steht fürs zweite in Canettis eigentümlicher Archäologie von Befehl und Repräsentation folgendes fest und zur Ergänzung offen: Erst Aufweis des Befehls gestattet seine Selbstbeschränkung. Erst Aufweis von Repräsentation und Deskription als Verdeckungsmanöver gestattet das Zentrum der Sprache aufzusuchen: das aus der Distanzierung von Befehl und Repräsentation flankierte und verdeckte Zentrum zwischen Ausdruck und Darstellung (Performance): den Kern der Mitteilung, das Herbeirufen der Namensnennung.

Allerdings ist es leichter, das Vorsprachliche des Befehls gegenüber dem Vorsprachlichen der repräsentativ-deskriptiven Sprachform und deren Typik auszumachen. Doch sicher ist noch schwerer als dies, den Übergang des Vorsprachlichen ins Sprachliche inmitten von Ausdruck und Hervorrufen (Performance) als im Mitteilen oder ursprünglich nicht täuschenden Ansprache im manifesten Hervorrufen, Nennen offenzulegen. Da sich dies für Canetti als besonders schwierig, weil von der auslegenden Hermeneutik des Diebstahls[10] überlagert und verfremdet gezeigt hat, somit sein Primat der Untersuchung sich eher auf Archäologie als auf (bloß nachgemachte) Entwurfscharaktere richtet, wird die Rettung der Zunge eben einen Vortrag lang dauern.

Die Vorfrage von Charles Taylor also lautete, in welcher Weise sich jene Sprachtypen, welche nicht nur Welthorizont abstecken und Weltinhalte zum Gegenstand haben, nicht aber sich selber, wie sich diese linear-intentionalen Sprachtypen, etwa naiven Sprachgebrauchs oder wissenschaftlicher Stringenz, von jener Sprachtype, die über Welthorizont und Inhalte hinaus auch sich selber zum Gegenstand habe, wie also diese auch jeweils die je andere Sprachtype begreifen könne, ohne sie in sich einzuverleiben.

Vermutlich ist dies nur durch eine dritte Sprachform möglich, welche Eric Voegelin immer gegenüber Schütz ins Treffen führt: Sie ist weder nur direkt-intentional und analytisch noch auch bloß reflexiv-hermeneutisch, indem die Reflexionsstruktur zusammen mit der Struktur selbst das Bedeutende für die Sachlage sei; vielmehr sei das Eigentümliche jenes Dritten, vom reflexiven Moment ausgehend, vor allem auch performativ, binde des Anderen Gegenwendung, namentlich jedoch jeden Befehlsstachel, in massenweiser Ballung zur gesellschaftlichen Ordnung ein, sei politisch.

Canettis Kannibalismen der Einverleibung, jetzt in verwandelter Figur, stehen uns nun in diesem Zusammenhang klar vor Augen. Während aber beide Sprachtypen sich gegenseitig nicht nur der Intoleranz, des Reduktiven oder aber des reduzierenden Sprachgestus bezichtigen, ist noch kein rechter gemeinsamer Nenner für die pars pro toto repräsentative Sprachfigur (also die verdeckende oder verfremdende Sprachform im Zeichen des Terrorismus allgemeiner Informationsstrategie) gegenüber der totum pro partibus hermeneutischen (also nach Canetti diebischen) Sprachkonzeption gefunden.

Mit Bezug auf den ersten Taylor'schen Zugang stehe es zwar gemäß Canetti gerade nicht fest, wie das soziale Rätsel[11], welches eben den Umgang mit der Sprache zur Umkehr zugunsten der Kreativität der Masse sprachlich, „als wäre es der letzte Satz“[12] zusammenbringe; da es nämlich der Geist sei, der gerade von sich abgesehen habe und der nicht nur

Zukünftiges, also uns völlig Unmögliches entschlüssle,[13] vielmehr doch auch die am meisten gedemütigten, machtlosen Geschichtsereignisse neu schaffe.[14] Dem direkt-analytischen Zugang hingegen (wie etwa den Oxford-Philosophen[15]) fehle aber gerade ein derart entscheidendes Moment des Verwandelns.

Anderseits steht aber gerade dem Verwandeln das performative und evozierende Moment der Sprachlichkeit im Wege, um Welt verwandeln zu können. Und zwar deshalb, weil doch zugleich Sprache sich als ganze und Welthorizont im Auge habe, also immer ihr Ganzes mit dem gefährlichst Partikularen, die Sprache selbst, also ihr Verhältnis zu einem Moment, dem imperativum vermittle: Hermeneutik, ebensowenig wie die Struktur des Imperativischen könne demnach, wie in gewöhnlichen Verwandlungen ebenso wie im Übergang in eine von sich reine Gesellschaft verlangt, gerade nicht von sich absehen, wie im „Geheimherz der Uhr" dargestellt.

So muß offenbar noch eine andere Verwandlung im Sprachgebrauch stattfinden, um eine Neue Welt zu gewährleisten, also ein Gegenlauf gleichsam zu jenen sprachreflexiven Umläufen, welche sich eben nur aus dem Dauer-Verhältnis von Deskription-Revision und ihrer performativen Mitte am Leben halten: An den dialektischen oder an analytischen Sprachumlauf ist also ein Gegenlauf zum Zweck der Canettischen Verwandlung unserer Einsicht ins soziale Rätsel einzuräumen.

Zusammenfassend halten wir jedoch noch Taylors Einteilungsmuster, wenn auch immer noch dem „Umlauf" verwandlungsarmer Vereinnahmung verhaftet, in Erinnerung:

A. Sprache über sich selbst hat das Unbequeme auf sich zu nehmen, im Umweg über den gemeinsamen Nenner des für uns Interessanten, z. B. sich über die Verdrängungen, welche das vorsoziologische Gebiet mitmachen muß, Rechenschaft zu geben. Dies ist auch Alfred Schütz' Thema, eine Logik vorwissenschaftlicher Gesellschaftlichkeit zu finden, welche protosoziologisch Strukturformen an Kunst und Zivilisationsvergleichen auszuhalten hat. Daß hier nicht bloß gewöhnliche Lebenswelt, vielmehr auch das Ästhetische des Erhabenen und Kunstschönen, zuletzt das Naturschöne eingebunden ist, versteht sich.

B. Der deskriptiven Sprachform geht ein Verbot voraus, daß weder über anderes ohne die „etwas als etwas" Sprachform zu sprechen, noch über den Umweg über die eigene Reflexion zu sprechen ist. Indem über die einzig gültige Sprachform, über anderes zu sprechen, definitorisch entschieden wird, bleibt diese Sprachform, die einzig wahrheitsfähige, abhängig von nicht geleisteter Hermeneutik und einem ihr innewohnenden Imperativ-Charakter.

Ihr Intentionswert ist also nicht nur naturwissenschaftlich, sondern auch mit Bezug auf die Logik von deren reiner Technik, der Mathematik, strukturanalytisch geprägt. Ihre eigene Definition trägt sie in der Apophantik des einzig für die wahr-falsch-Aussagen relevanten Sinnanspruchs mit sich und übt damit gesellschaftlichen Konsens-Zwang aus.

C. Zuletzt gilt jedoch, wohl über Taylors Anspruch hinaus, die Verbindlichkeit, daß jede Form politisch relevanter Vergesellschaftung, welche sich in Spannung zwischen Masse und Ordnung stellt, einen Umweg über sprachliche Konventionen des Performativen ihren sprachlichen Ausdruck nehmen muß: Jetzt aber als herabgeminderte Verbindlichkeit des imperativen Befehlsstachels. Politisches Handeln ist ohne Zähmung dieses Befehlsstachels, teils durch Reflexion des Obliquen, teils durch das Auffangen der Umkehrungsmasse in neue Ordnungsmuster, unmöglich.

Weil diese Sprachform vielfach verdeckt ist, namentlich durch die Trennung von deskriptiver und genetischer Reflexion, stärker jedoch durch deren Umlauf-Macht, hat sich Elias Canetti an mehrere Durchbrüche gemacht, um sich nicht immer bloß den Kopf an der Wand der Selbstreflexivität anzuschlagen.

III. Das genetisch-archäologische Moment

Canetti trachtet also, der Sprache einen Weg zur Archäologie zu bahnen: Zum Ursprung des Gedankens der Archäologie der Sprache aus der Masse, die hierzu keinen Führer brauche, stellt also Canetti, die wir aus anderen Zusammenhängen seine Erfahrungen mit dem Justizpalastbrand als den eigentümlichen Anstoß für die Erfahrungen der Umkehrungsmasse betrachten, biographisch im Jahr 1959 folgendes fest: „1925, vor vierunddreißig Jahren, hatte ich den ersten Gedanken zu einem Buch über die Masse. Aber der wirkliche Keim dazu war doch früher: Eine Arbeiterdemonstration in Frankfurt anläßlich des Todes von Rathenau, ich war siebzehn Jahre alt“[16]; das war also zur Zeit der Nachkriegswirren, der Communen, der Räte, der Inflationen und Hungersnöte, des Beginnes der Öffentlichkeit des Nationalsozialismus und des Stalinismus in den Jahren 1922 und 1923. Der öffentlichen und universellen Gefährdung jener Manifestation und Fluchtversuche aus dem Panzer der Myriaden von Befehlsstacheln, welche eben nicht zur Bewegung der befreienden Umkehrmeute, der richtigen Dynamik der vier Momente oder Arten der Befreiung von Hetzmassen, Fluchtmassen, Verbotsmassen und Festmassen geführt hatte.

Dagegen ist, wie gesagt, im Namen von Canettis Vorliebe für Mythen[17] ebenso wie für beschwörendes[18] Hervorrufen jene Vermittlung zwischen der Ausdrucksform und dem Performatorischen der Sprache aufzusuchen, welches dem Herzstück der Mitteilung als evozierendes Nennen (von Doppelmassen, der Lebenden in der Heimat und der Toten auf dem Schlachtfelde, der Gegner und der künftigen Gegner) entspricht: Mit Canetti ist jener Archäologie des erinnernden Wissens in seiner biographischen Partikularität allerdings zu widerstehen, und zwar eben im Namen Elias Canettis selber, weil er immerhin nicht bloß als Fremder, sondern als ein der selben Klasse Angehöriger seinen Antagonismus erfährt, ein Fremder, der eben nicht in die Fremde geht, ohne Leiden:

Es ging ums Jahr 1914, und wer kennt diese im eigenen Saft schmorende Stadt der dreizackig gekrönten, sehgeadelten, trittbrettaristokratischen Gartenzwerge nicht, sie brachte mehr revolutionäre Gesinnung hervor als man ahnt – Baden bei Wien:

„Einen guten Teil des Tages verbrachten wir im Kurpark, wohin uns die Mutter mitnahm… Mit den kleinen Brüdern sprach ich noch ungeniert englisch, sie waren drei und fünf Jahre alt, ihr Deutsch war etwas unsicher… Es wäre ein unnatürlicher Zug gewesen, untereinander anders als englisch zu sprechen, und man kannte uns im Kurpark als die kleinen englischen Buben.

Es waren immer viele Leute da, schon wegen der Musik, aber Ende Juli, als der Ausbruch des Krieges bevorstand, wurde die Masse von Menschen, die sich in den Kurpark drängte, immer dichter. Die Stimmung wurde erregter, ohne daß ich begriff, warum, und als mir die Mutter sagte, daß wir beim Spielen nicht so laut englisch schreien sollten, nahm ich nicht viel Notiz davon und die Kleinen natürlich noch weniger.

An einem Tage, ich glaube, es war der 1. August, begannen die Kriegserklärungen.

(Der Dirigent im Kurpark) unterbrach die Musik, klopfte kräftig mit dem Taktstock auf und las laut vor: ‚Deutschland hat Rußland den Krieg erklärt.‘ Die Kapelle stimmte die österreichische Kaiserhymne an, alle standen, auch die, die auf den Bänken gesessen waren, erhoben sich und sangen mit: ‚Gott erhalte, Gott beschütze unsern Kaiser, unser Land.‘ Ich kannte die Hymne von der Schule her und sang etwas zögernd mit. Kaum war sie zu Ende, folgte die deutsche Hymne: ‚Heil dir im Siegerkranz.‘ Es war, was mir, mit anderen Worten, von England als ‚God save the King‘ vertraut war. Ich spürte, daß es eigentlich gegen England ging. Ich weiß nicht, ob es aus alter Gewohnheit war, vielleicht war es auch aus Trotz, ich sang, so laut ich konnte, die englischen Worte mit und meine kleinen Brüder, in ihrer Ahnungslosigkeit, taten mir's mit ihren dünnen Stimmchen nach. Da wir dicht gedrängt unter all den Leuten standen, war es unüberhörbar. Plötzlich sah ich wutverzerrte Gesichter um mich, und Arme und Hände, die auf mich losschlugen. Selbst meine Brüder, auch der Kleinste, Georg, bekamen etwas von den Schlägen ab, die mir, dem Neunjährigen, galten. Bevor die Mutter, die ein wenig von uns weggedrängt worden war, es gewahr wurde, schlugen alle durcheinander auf uns los. Aber was mich viel mehr beeindruckte, waren die haßverzerrten Gesichter. Irgend jemand muß es der Mutter gesagt haben, denn sie rief sehr laut: ‚Aber es sind doch Kinder!‘ Sie drängte sich zu uns vor, packte uns alle drei zusammen und redete zornig auf die Leute ein, die ihr gar nichts taten, da sie wie eine Wienerin sprach, und uns schließlich sogar aus dem schlimmsten Gedränge herausließen.

Ich begriff nie ganz, was ich getan hatte, um so unauslöschlicher war dieses erste Erlebnis einer feindlichen Masse."[19]

Wir sehen also hier, mit Bezug auf eine gestufte Erinnerung, zuerst Justizpalastbrand, dann die Arbeiterdemonstrationen anläßlich des Todes Rathenaus, zuletzt die Ballung der Massen gelegentlich der Kriegserklärung, von Karl Kraus in den „Letzten Tagen der Menschheit“ scharf umrissen, welche für Canetti den Anstoß zur Aufmerksamkeit auf ein fruchtbareres Bathos der Masse evozieren. Zuallerletzt ist es aber ein womöglich eingeborenes Phänomen der verlorenen Zunge, das Canetti 1492 in seinen Vorfahrern wie in einer zur Masse gesteigerten Fluchtmeute vor Isabella und Ferdinand als jüdische Spaniolen unter byzantinisch-türkische Autorität wie in eine Strafkolonie, gleich Ovid, fliehen läßt.[20]

Wie also können Negativerfahrungen zu dem führen, was einerseits durch animalische Affekte, ihre Signal- und Symptomfunktion im Sprachlichen als Symbolkraft der Jagdmeuten, Kriegsmeuten, Klagemeuten, Vermehrungsmeuten, eher verkehrt als ausdrücklich wird; und zwar im Gegenbezug zu demjenigen, was die scheinbare Erhabenheit des Ich-Du in Frage stellt : Was also kann demnach im Sinne der Anonymität des Anstoßes von Mit- und Nachwelt die Sphäre der dritten Person pluralis, die Anonymität des massenhaften „Sie“ zum Ideal der Verwirklichung der Umkehr, zur Lösung des gesellschaftlichen Rätsels, beibringen? Wenn nämlich der Einbruch der Erhabenheit des Anderen, durch jene Anonymität hindurch, sich nur in den Formen der Korrelativitäten der Vermehrung in Techniken, Institutionen, Tauschverbindlichkeiten kristallisiert, erstirbt dann nicht gerade die Kraft der gesellschaftlichen Synthesis, ihre „freie Assoziation“?

Wir wenden uns nun der Konkretisierung dieser jetzt verdoppelten Dimension der Sprache der Masse zu. Zunächst indirekt mit Bezug auf die zweifache Verdeckung in der Mißgestalt der Vermassung. Dann jedoch mit Bezug auf die Mißgestalt der Sprachverfremdung.

IV. Vermassung in archäologischer und deskriptiver Perspektive

Man hätte von Adornos Herausforderung an Canetti mehr verlangt als nur den Versuch, die Deskriptionen von Gustav Le Bon mit den genetisch-archäologischen Betrachtungen von Freuds Analysen zur Massenpsychologie eingebunden zu sehen. Man hätte verlangt, von ihm die Ambivalenz zwischen Natur-geschichtlicher Totemismus-Symbolik der zu Massen geformten Meuten im Bruch mit den geschichtlich-handlungsorientierten Verwerfungen und Verschüttungen aufgewiesen zu bekommen, welche das Grundgerüst der zweimal zitierten Zusammenarbeit mit Horkheimer, die „Dialektik der Aufklärung", etwa im Idiom der „Vermassung" durch Aneignungsgesellschaft zumindest begleiten.[21]

So ist also „Vermassung" ein komplexes Syndrom, welches uns einerseits den Blick nicht bloß auf die Sprache der Masse, ihre Vergleichbarkeit mit tierischem Verhalten, sondern auch anderseits auf die Sprache der Bedürftigkeit des je Anderen in Auseinandersetzung mit jenen Formen der massenbedingten Künstlichkeit verstellt, die aus den abstrakten Relationen, wie Tausch, Arbeitsteilung, Besitznahme durch Technik, entstanden sind.

Es ist sicherlich oft nicht leicht, auseinanderzuhalten, ob die Fremdbeziehung der verschiedensten Massenphänomene aus primär natürlichen Aspekten, vielleicht deren Überhöhung in Magie und Ritualen stammen oder aber aus der Künstlichkeit unseres Verhaltens, dessen Verklammerung in den Formen der Fiktion und Täuschung gegenüber der Erhabenheit des Freigelassenen am je Anderen bestehen.

Wir wenden uns in diesem Zusammenhang zunächst drei voneinander verschiedenen Phänomenen der Machtausübung inmitten von Massen zu, die zur Entstehung ungeheurer künstlicher Zivilisationen geführt haben.

Zunächst geht es um politische Massenbewegungen: Friedrich Heer hat in seinen „Grundlagen der europäischen Demokratie der Neuzeit" sehr schön die Spaltung der Demokratie im englischen Mutterland gezeigt: „Die englische Demokratie, wie sie sich seit dem 13. Jahrhundert langsam, aber kontinuierlich entwickelt hat, ist die unnachahmliche Lebensform einer Nation, deren herrschende Klasse… sich im Lauf von 800 Jahren an alle geschichtlichen Veränderungen anzupassen versteht."[22] Die aus den Kriegen, zuletzt den Bürgerkriegen und dem 100jährigen Krieg hervorgegangene oligarchische, also aristokratisch-bürgerliche Klasse ringt zuerst mit dem Niedervolk Königtum und Bischofskirche nieder, dann das Niedervolk und dessen „inspirierte Demokratie" in der „Glorious Revolution" von 1688, aus der her das steril gewordene Zweikammersystem stammt; da ja whigs und tories als die Gesiebten aus einer Masse, auch gemäß ihrer Herkunft herausgefiltert wurden. Die Masse des Ferments hatte sich aber ihrer Idee nach längst nach Festland-Europa zerstreut; während sich Amerika als reale Fluchtzone zugleich mit den outlaws, den Verbrechern der alten Gesellschaft, angeboten und als weiter Raum eröffnet hatte.[23] Die Massenbewegungen im Spielraum von „inspirierter Demokratie", abenteuerlichem Verbrechertum und ausbeuterischer Unterwerfung bilden denn auch jenen Kern des Thankstaking, welches sich seit dem Ende des 17. Jahrhunderts über den amerikanischen Kontinent ergießt. Der Export der „inspirierten Demokratie" schafft also die Expansion jener sich ständig vermehrenden Massenbewegung Neuer Welt, welche eben im Taumel ihrer Souveränität der Unterwerfung eben nicht die Neue Sprache des Friedens und der Communität der Wiedertäufer, der aus dem Palatinat gewanderten Abweichler und der

Quaker und Low Church People findet. Vielmehr lassen sich diese bei allem Hang zur Isolation zuletzt in die Eroberungsbewegung von neuer Massenansiedlung hineinziehen.

Canetti müßte in seiner archäologischen Betrachtung die Massenphänomene dieser zunächst sehr naturnahen Population mit jenen erweiterten Jagd- und Kampfmeuten identifizieren, deren kompakte Vermehrung schließlich in die vielfachen Formen der Hetzmassen und zugleich, bei aller Vermehrung, Verbotsmassen einmündet. Um die Festmasse herum legt sich der harte Kern petrifizierter Jagdmeute. Ob und wie also in jeder Ausnahmesituation und -stunde das zum Gegenvergleich Animalische hervorbricht, dies muß sich erst erweisen.

Sodann ist es Stefan Zweigs Suche nach dem El Dorado in seinen „Sternstunden der Menschheit"; hier wird nicht bloß indirekt die Unrechtmäßigkeit des zusammengetriebenen Besitzes der weißen Siedler in Californien, ihres zu ungeahnten Greueln und Massenfluchten der ersten Auswanderer, welche nebenher zur bescheidenen Kolonie San Francisco geführt hatte, gedacht; vielmehr geht es um archäologisch wesentlich spätere Stufen des Neu Helvetia eines Johann August Sutter in der Mitte des 19. Jahrhunderts, noch vor den allgemeinen Wirren des Bürgerkriegs.

Bekanntlich wird der Outsider Sutter durch einfache Petitionen für Pacht-, dann Kaufverträge, sowie eigener und motivierter je anderer Arbeit zum reichsten Mann der Welt. Gemäß Kaufvertrag gehören große Teile Californiens ihm und seinen Nachkommen. Was nicht anerkannt wurde. Sein Rechtsfall ging nie in die letzte Instanz. Der Grund ist folgender: Auf seinem Boden fanden sich eines Tages reichlichst Nuggets, deren zu früh bekannt gegebener Fund Tausende und Abertausende Abenteurer aus allen Teilen der heutigen Staaten sowie aus Europa und Rußland wie in einer einzigen Jagd- und Vermehrungsmeute anlockte; während seine Frau, spät herbeigeholt, schon an den Folgen der Mühen der Reise nach dem Westen starb, wurden seine ebenso vermehrungstollen Söhne wie auch er Opfer einer der gewaltigsten Landnahmen des El Dorado, deren Folgen bis heute, wie Stefan Zweig zeigt, weder abgeschlossen noch rechtlich geregelt sind. Die technisch wie in einer Selbstorganisation sich vermehrende massenweise Okkupation des Besessenen, Okkupierten, ist unterdessen zur unverbriefbaren Eigentumssituation des Californian and Federal Law geworden.

Auch hier würde Canetti versuchen, das Moment unserer Handlungsverblendung, selbst noch deren technologisch-kapitalistische Folgen, in naturwüchsige Modifikationen der Spannung von Meute und Masse aufzulösen: zuerst die Rodungsfeuer, dann die massenhaften Nuggets als Symbol einer sich zerstörenden Jagdmeute und Umkehrungsmasse.

Das letzte Beispiel solch außerordentlicher Ereignisse ist Canettis „Gespaltener Zukunft" entnommen, bezieht sich einerseits auf „Dr. Hachiyas Tagebuch aus Hiroshima"[24], also auf die technische Umkehr des Kannibalismus, im Töten und nachmaligen Verbrennen von Leichen nach dem Atomangriff ins Maßlose gesteigert, zugleich aber Rettung des einzig noch gültigen Machtsymbols (des Bildnisses des Tenno), dessen Umkehr ins Ochlokratische den gigantischen Zug und Taumel in die Vermehrungsmeute hervorbringt.

Wenn es nun nach Canetti stimmt, daß „unsere gesellschaftlichen Verhältnisse" von heute nicht mehr „dieselben sind, wie zur Zeit, da (Marx)... sie untersucht hat"[25], so wird auch die Struktur der Dechiffrierung der abstrakten Verhältnisse eine andere sein müssen als bloß die Archäologie ihrer Barbarei.

Nun reicht bei Canetti allerdings humanitas viel weiter zurück als das Idiom Marxens, das der gesellschaftlichen Arbeit als menschliche Selbstreproduktion, nämlich in das Idiom der Verwandlungsfähigkeit: „Ich glaube, daß der Mensch ein Verwandlungswesen par excellence ist und durch seine Verwandlungen in Tiere, die seine Umgebung ausgemacht haben, zum Menschen geworden ist."[26]

Ist nun nicht mehr Selbstreproduktion, also reflektierte menschliche Tätigkeit im Anderen, Erbe Hegels und der idealistischen Philosophie, vielmehr Verwandlung das Substrat des Gattungswesens, so muß auch Hegels und Marxens Sublimation von „Gattung" in gespiegelte und reflektierte Geistigkeit nun anders ausfallen als bei jenen. In diesem Sinne revidiert Canetti im Gespräch mit Schickel und in Distanz zu Freud sein psychologisches Idiom und schickt uns auf die Suche, die Basis gesellschaftlicher Abstraktion, zusamt mit deren Substrat, die Sprache der Masse, für die Gegenwart zu klären.

Vermassung, dies steht nun fest, ist zwar Resultat der unangemessenen Anwendung abstrakter Informationen auf das Gattungswesen, z. B. die Anonymität unserer technischen Werkzeuglichkeit, unserer Institutionen, unserer Täuschungsmanöver im abstrakten Warentausch, aber eben nicht bloß dieser allein.

V. Die Macht der Sprachverfremdung und der gelungene Tausch

Was die Menschen jedenfalls nicht untereinander verbindet, ist jene Verkehrung der freien Assoziation, wie sie seinerzeit vom fabelhaften Platzleutnant Hebenstreit, Compositeur sowohl des Eipeldauerliedes und des „Homo hominibus" dem Wiener Publikum unter dem Sachtitel der freien Assoziation des „Communismus"[27] schon 1793 vorgetragen wurde; bald darauf, also 1794, wurde er auf dem Glacis zwischen dem heutigen Rathausplatz und Sigmund-Freud-Platz unter dem Gejohle der Masse von angeblich 80.000 – 90.000 Wienern zu Tode stranguliert, also durch Erhängen hingerichtet, angeblich mit großer Fassung seinerseits.

Die freie Rede seiner satirischen, humorvollen, aufmunternden, deskriptiven Rede, seine Gesänge und getragenen Sprachrhythmen verkehren sich in jener Vermassung; diese entzieht sich also der Indienstnahme durch freie Assoziation aufgeklärten Bürgertums, Voltaires Umschwung von Toleranz in Anerkennung, um alsbald in abstrakte Bewegungen von Menschenballungen, säkularisierter Kirche, des Militärs, des Aufstandes des „Mob" umzuschlagen; genau dieser ist aber das in Vermassung erstarrte Gefilze und Gegenstück fruchtbarer Masse.

Könnte es also möglich sein, daß sich aus der Verbindlichkeit der Verwandlungsintention teils gegenüber Toten, teils gegenüber Tieren jene Zeitgenossenschaft herausprägt, welche der abstrakten Vermassung von Herrschaft der Institutionen, von technischer Manipulation des Werkzeuglichen und der Täuschungsstrategien manipulierten Tausches standhält? Jene Herrschaft, von der weder Monarchismus und sein Despotismus noch Aristokratie bzw. Demokratie und ihre plutokratischen bzw. ochlokratischen Perversionen ausgenommen sind. Woher der Optimismus, daß es eine Wandlung im Gattungswesen zur Souveränität des Weltbürgers in republikanischer Verfassung geben könnte? Ist also, im Verlust dieser Hoffnung, der gegenwärtige Übergang aus Zivilisationsdivergenzen und deren Relevanzstrukturen des Angleichs fremder Populationen in die Würde weltbürgerlicher Neugestaltung der Verwahrlosung der Vermassung der Sprache ausgeliefert?

Oder schreibt uns dieser Übergang ins Weltbürgerliche nicht vielmehr direkt eine Bahn der Wandlung vor, welcher vom „Recht des Nächsten" (Leibniz) über die „Verbindlichkeit weiter Pflichten gegen Andere" (Kant), von der „freien Assoziation" des Gattungswesens (Marx) zum gelungenen Tausch übergeht als Basis des gemeinsamen „Von Sich Absehens", wie es auch immer mit seinem Gegenteil, dem einseitigen oder wechselweisen Vereinnahmen bestellt sei?

Mitten zwischen diesen beiden idealtypischen Extremen läuft aber die reale Bahn, läuft der Übergang jener kritischen Anthropologie, welche die „characteristica generalis" von personaler Interdependenz über Geschlechterbeziehung, Generationsfolge und Clan-, Populations- und Rassendifferenz mitzumachen hat: ihr Ende ist gebunden im Gattungswesen selber, ihre Mitte in jener Aufhebung und in jenem Rückfall vertikaler Arbeitsteilung, welche Canetti unter zwei Bedingungen für möglich, zugleich für vergeblich erachtet: Unter Bedingung desjenigen Horizonts der „Authentizität", welcher die Unmöglichkeit des Todes des Anderen, des Nächsten impliziert; und anderseits jener Anverwandlung, welche den Mensch-Tiervergleich eben nicht als gleitenden Übergang, vielmehr als das Cardinalereignis erfaßt, welcher er ist: unsere faktisch-symbolische Verwandlungsfähigkeit in das uns Vorliegende.

Elias Canetti hält, neben der Verbindlichkeit der Variierbarkeit von symbolischen Verwandlungsleistungen, also die Unausstehbarkeit und Unvordenklichkeit nicht des eigenen, vielmehr des Todes der je Anderen für den gespannten Bogen, in dessen Mitte sich der geschürzte Knoten gelungenen Tausches erst lösen läßt.

In dieser kosmopolitisch souveränen Position ist er übrigens einer der schärfsten Antipoden gegenüber Heideggers Halbwelt, dessen Abneigung gegenüber Tauschformen mit Bezug auf die Unmöglichkeit des Todes je Anderer immer wieder zu neuer Aufmerksamkeit herausfordert.[28]

Anmerkungen

1 Elias Canetti, Alle vergeudete Verehrung, München 1970, S. 188

2 Ebd. S. 131

3 Ebd. S. 12. Die Umdeutung eines Philosophen von Format, wie Hobbes, ins Psychologische ist beachtlich: „Er steht wirklich allein als Denker. Es gibt wenige psychologische Richtungen der späteren Jahrhunderte, als deren Vorläufer man ihn nicht beanspruchen könnte."

4 Ebd. S. 109, 129 u. ö.

5 Vgl. hierzu im Detail: Michael Benedikt, Das Ende unkritischer Metaphysik. In: Heideggers Halbwelt. Wien 1991, S. 35–64

6 Vgl. Franz Brentano, Vom Ursprung sittlicher Erkenntnis, Hamburg 1955, S. 16–23

7 Ebd., S. 8 ff., S. 30 ff.

8 Elias Canetti, Masse und Macht, München 1960, S. 60, u.ö.

9 Vgl. Elias Canetti, Alle vergeudete Verehrung, München 1970, S. 96

10 Ebd. S. 72

11 Ebd. S. 138

12 Ebd. S. 97

13 Ebd. S. 130

14 Ebd. S. 79

15 Ebd. S. 109

16 Ebd. S. 122

17 Ebd. S. 137, 115

18 Ebd. S. 88

19 Elias Canetti, Die gerettete Zunge, Frankfurt am Main ²1979, S. 106 f. Vgl. a. „Gespräch mit Joachim Schickel" In: Die gespaltene Zukunft, München 1972, S. 110 f.

20 Vgl. Elias Canetti, „Gespräch mit Horst Bienek", in: Elias Canetti, Die gespaltene Zukunft, München 1972, S. 103. Vgl. jedoch auch die noch bis früher reichenden archäologisch-genetischen Reminiszenzen an die Spannung von „Stockungs- und Erwartungs-Massen", welche wie ein Stück Pentateuch und dessen primäre Naturgebundenheit in seine Jugend, seine Gegenwart hereinreicht. In: „Gespräch mit Joachim Schickel" S. 108 ff.

21 „Gespräch mit Theodor W. Adorno", ebd. S. 66 ff.

22 Friedrich Heer: Grundlagen der europäischen Demokratie der Neuzeit. Wien 1956, S. 33

23 Ebd. S. 34 ff.

24 In: Elias Canetti: Die gespaltene Zukunft, ebd. S. 57 ff.

25 Ebd. S. 119

26 Ebd. S. 125

27 Vgl. Franzjosef Schuh: Die Gesellschaftskritik Hebenstreits in seinem Lehr-Gedicht „Homo Hominibus". In: Aufklärung, Revolution, Restauration. Bd. II. der Sammlung „Verdrängter Humanismus – Verzögerte Aufklärung. Auf der Suche nach Österreichischem Philosophieren", Hrsg. M. Benedikt, W. Baum u. R. Knoll, Wien 1992

28 Vgl. M. Benedikt: Heideggers Halbwelt. Wien 1991, Vorwort

MASSE UND SOZIALKONTROLLE[1]

Jesús Escandón

Der Epilog in „Masse und Macht" endet mit einer Erwähnung des Befehls. Es wird noch einmal die volle Bedeutung hervorgehoben, die er in Canettis Konzeption des Menschen, der Gesellschaft und im allgemeinen menschlichen Zusammenleben spielt. „Das System der Befehle", so Canetti, „ist allgemein anerkannt. Am schärfsten ausgeprägt hat es sich wohl in den Armeen. Aber viele andere Bereiche des zivilisierten Lebens sind vom Befehl ergriffen und gezeichnet. Der Tod als Drohung ist die Münze der Macht. Es ist leicht, hier Münze auf Münze zu legen und enorme Kapitalien anzusammeln. Wer der Macht beikommen will, der muß den Befehl ohne Scheu ins Auge fassen und die Mittel finden, ihn seines Stachels zu berauben."[2] Man sollte danach die Natur des Befehls begreifen, um die Macht zu mindern, ihre fatalen Folgen zumindest teilweise auszuschließen. Dies, da man nicht fähig ist, die Macht völlig zu beseitigen.

Der Befehl erlangt eine allgemeine Gültigkeit und beherrscht heute die verschiedensten Bereiche des zivilisierten Lebens, als die reinste Bekundung und das eigentliche Werkzeug der Macht. Aber es wird festgestellt, daß der Befehl viel älter ist, schon Tiere gehorchen ihm. Er besitzt eine lange Geschichte und hat wichtige Umwandlungen erfahren. Dies geschah selbstverständlich nicht in einem linearen, irreversiblen Prozeß. Sein ursprünglicher Kern jedoch blieb bestehen und gibt ihm sein Wesensmerkmal. Der Befehl trägt in seinem wesenseigenen Sinn, als Bedrohung oder Strafe, den Tod mit sich. Deshalb ist seine erste Wirkung die Flucht, die man als einzige Form betrachtet, dem Tod zu entgehen. Der Befehl erlaubt keine Widerrede, ohne Ausnahme trachtet er danach, zwanghaft ausgeführt zu werden. Mehr noch: derjenige, der einen Befehl erteilt, stellt sich auf einer Ebene der Gewalt und Macht hoch über den Empfänger, der ihn auf solche Weise nicht entgegentreten kann. Der Befehl behält, trotz seiner geschichtlichen Umwandlungen, die Möglichkeit der Strafe, ohne sie ist er undenkbar. Was sich ändert, ist der Charakter der Strafe; sie bedeutet in der Mehrzahl der Fälle nicht mehr die Todesstrafe, sondern ist eine tatsächlich oder scheinbar weniger bedenkliche.

Eine einzigartige Form der Strafe hat sich seit einiger Zeit herausgebildet: man zwingt den Befehlsempfänger zu einer Handlung und belohnt danach ihre Ausführung. Paradoxerweise ersetzt dabei die Belohnung die Strafe und erfüllt die gleiche Funktion. Man hat sich im Rechtsbereich ausführlich mit dieser merkwürdigen Form der Strafe auseinandergesetzt. Manchmal hat man sie als „belohnende Strafe" bezeichnet, wohl bemerkend, daß dieser Ausdruck einen Widerspruch beinhaltet. Canetti spricht über die Domestikation des Befehls, um seine Umwandlungen zu beschreiben. Im allgemeinen kann man behaupten, daß man in der „zivilisierten" Gesellschaft den domestizierten Befehl vorfindet und nicht den ursprünglichen in seiner unmittelbaren Grausamkeit.[3]

Trotz allem, und weil es sich nicht, wie schon erwähnt, um einen linearen irreversiblen Prozeß handelt, erscheint der Befehl unter uns sehr oft in seiner ursprünglichen Form: schlagend, mit der ganzen Wirkung seiner Gewalt. So wird man erinnert, daß, sosehr man den Befehl auch domestizieren kann, von der biologischen Form des Fluchtbefehls zu einer Art freiwilligen Gefangenschaft der Befehlsempfänger, er sein Wesen nie ändert. Die Drohung mit einer so unwiderruflichen Strafe wie dem Tod bleibt immer in ihm erhalten.

In Lateinamerika, wie übrigens an vielen anderen Orten unserer Erde, ist in den jüngst vergangenen Jahrzehnten die ursprüngliche, primitive, furchtbare Form des Befehls eingebrochen. Es genügt, sich an gewisse Befehle zu erinnern, die in Chile im September 1973 von der Militärregierung, die Salvador Allende stürzte, erteilt wurden. Die große Mehrzahl dieser Befehle hatte als Wirkung die Flucht. Man befahl, öffentliche Gebäude, Industrien, Arbeitsstätten, Hoch- und Mittelschulen usw. zu räumen. Gewisse Gesetzeserlässe hatten den selben Sinn: man erklärte alle Staatsbeamten nur als interimistisch bestellt[4]; man löste die CUT, die größte Gewerkschaft des Landes, auf[5]; alle Bürgermeister des Landes wurden abgesetzt[6]; Senat und Abgeordnetenhaus wurden aufgelöst[7]; und dergleichen mehr.

Und dies alles geschah, weil sich die Militärjunta angeblich überlegte,
„– daß die Streitkräfte, vom Heer, der Kriegsmarine, der Flugwaffe und der Polizei gebildet, die Organisation darstellt, die sich der Staat für den Schutz und die Verteidigung seiner physischen und moralischen Integrität und seiner historisch-kulturellen Identität gegeben hat;
– daß es folgerichtig ihre höchste Mission ist – über alle anderen Überlegungen –, das Überleben der genannten Wirklichkeiten und Werte zu sichern, die die höchsten der chilenischen Nation sind;
– daß Chile sich in einem völligen und systematischen Prozeß der Zerstörung befindet – als Folge der Einmischung einer dogmatischen und ausschließenden Ideologie, inspiriert von den fremden Prinzipien des Marxismus-Leninismus...“[8]

Einige Zeit danach erlebten wir bei uns noch einmal einen Domestikationsprozeß der Befehle. Von derselben Militärregierung erlassen, begannen sie den Charakter von Fluchtbefehlen langsam zu verlieren, sie neigten beständig dazu, die formellen Eigenschaften von Gesetzen moderner Staaten zu bekommen. Im Endeffekt erschien der Befehl im höchsten Maße von neuem domestiziert.

Es ist möglich, Canettis Entwurf mit vielen der Thesen in Bezug zu bringen, die man in diesem Jahrhundert über die Natur der Rechtsnorm vorgeschlagen hat. Die juridische Norm stellt eine besondere Art von Befehl dar, über die man in letzter Zeit viel nachgedacht hat. Es ist hier nicht der Platz, diesbezüglich Autoren und Richtungen zu nennen. Trotzdem erscheint es mir zulässig, zu zeigen, daß der österreichische Rechtsphilosoph Hans Kelsen den Kern hervorbrachte, der diese Auseinandersetzung begründete, um den herum sie zentriert ist. Jede authentische Rechtsnorm, sagt Kelsen, trägt eine Strafe mit sich. Er betont, daß es ohne Strafen *kein* Recht geben kann. Selbstverständlich anerkennt er, daß Strafen die verschiedensten Formen annehmen können. Wenn man die wiederholte und verbreitete Behauptung zufügt, daß alle historisch bekannten Gesellschaften, um zu funktionieren, das Recht benötigt haben, wären Sanktionen dann ein durchaus notwendiges „Mittel der sozialen Überwachung“. Man meint, daß sich die Natur des Menschen und der Gesellschaft völlig ändern müßte, um im menschlichen Zusammenleben auf das Recht zu verzichten – wovon man in einer näheren Zukunft nicht ausgehen kann. Die Auseinandersetzung, die über diese Problematik ausgebrochen war, spielt sich heute nicht mehr so im Vordergrund ab wie vor ein paar Jahrzehnten. Man debattierte damals, ob man in einer zukünftigen Gesellschaft den Staat, und mit ihm das Recht – d. h. juristische Normen, Befehle –, überhaupt noch benötigen würde. Heute kann man wahrscheinlich behaupten, daß die Art und Weise, wie man an das Thema herangegangen ist, nicht einwandfrei formuliert war. Man begann die Funktion und Natur des Staates zu überprüfen, um von dorther zur Problematik des Rechtes, der juristischen Norm überzugehen. Hier ist die Frage berechtigt, ob diese Auseinandersetzung nicht die Widerspiegelung von etwas Grundlegendem ist, das man vor einigen Jahren als die „Krise der Ideologien" zu bezeichnen pflegte. Die erwähnte Diskussion hätte sich zuerst dem Grundproblem – der Natur des Befehls und seiner sozialen Rolle – stellen müssen, bevor sie sich mit der Frage des Staates und des Rechtes beschäftigte.

Anders dagegen Canetti. Er ist da am treffendsten, wo er seine Studien und Reflexionen über den Befehl durchführt. Der Befehl wird von ihm als die reinste und wichtigste Kundgebung der Machtausübung gekennzeichnet. Der Befehl ist klar und knapp, er muß augenblicklich verstanden und normalerweise sofort ausgeführt werden; Verzögerung bedeutet eine Verringerung seiner Kraft. Klarerweise kann man die Ausführung des Befehls für einen späteren Zeitpunkt festsetzen, dann muß er jedoch unwiderruflich zur festgelegten Zeit ausgeführt werden. Canetti betont, daß die Handlung, die ein Befehl verursacht, verschieden von allen anderen Handlungen ist, weil der Befehl immer ein fremdes Element für den Befehlsempfänger ist. Nie kann ein Befehlsausführer ihn als etwas Eigenes betrachten, er wird mit allen Mitteln kämpfen, um sich von seiner Wirkung zu befreien, um sich des Stachels zu entledigen – sonst bleibt dieser starr erhalten, gespeichert. Der Befehl ist von außen eingedrungen und wird als etwas Stärkeres anerkannt. Man führt ihn aus, weil man ihm nicht mit Erfolgsaussichten widerstehen kann; es siegt, wer befiehlt. So erscheint der Befehl wie ein Pfeil, der unumstößlich sein Ziel anvisiert.[9]

Aber derjenige, der Befehle erteilt, erwartet immer einen Widerstand, einen Rückstoß.[10] Der Befehlshaber fürchtet den Rückstoß, weil er weder weiß, ob er kommt, noch, wenn er kommt, wann und woher. Deshalb lebt derjenige, der Macht ausübt, in einer ständigen und unbegrenzten Erregung vor der Gefahr eines Rückstoßes. Es ist die Angst der Macht; je größer sie ist, desto gewichtiger wird ihre Angst. Man kann sich ohne Mühe vorstellen, wie sich die Erzangst der Despoten und autoritären Machthaber steigert, mit allen Folgen, die eine solche Steigerung mit sich bringt. Beispiele dafür gibt es in Lateinamerika viele, und sie wiederholen sich: die Machthaber, die riesige Sicherheitsapparate aufbauen; die alles, was Untertanen tun, zu wissen versuchen; die eine totale Überwachung beanspruchen. Sie bleiben wach gegenüber der kleinsten Einzelheit, die einen Rückstoß, eine Opposition gegen den Befehl, der das soziale System beherrscht, bedeuten kann. Dies war ein mehr oder weniger klassisches Bild in unseren Ländern, das heute sich in dem Maß zu ändern neigt, wie man autoritäre Regierungen vertreibt. Doch wissen wir, daß etwas latent auf der Lauer liegt, um bei Gelegenheit zurückzukehren. Die Massenkristalle dazu sind noch vorhanden.

Canetti präzisiert die Natur des Befehls, er sagt, daß er aus einem Antrieb und einem Stachel besteht.[11] Die Folge oder Wirkung eines Befehls ist der Stachel, der in demjenigen zurückbleibt, der den Befehl ausführt. Nur wer Befehlen ausweicht, behält keinen Stachel und kann sich als freier Mensch behaupten. Diejenigen, die Stacheln empfangen, kämpfen ständig darum, sich von ihnen zu befreien. Der Stachel ist ein Fremdkörper – unerträglich für den, der ihn tragen muß. Je mehr Stacheln ein Mensch in sich trägt, desto unerträglicher wird seine Situation.

Ein prägnantes Beispiel eines von Stacheln überbeladenen Wesens ist der Schizophrene, wobei seine Stacheln zu einer Art Rüstung werden, die die Kommunikation mit der Außenwelt verhindert. Charakteristisch für ihn ist die Starrheit seiner Handlungen. In Anbetracht der Schädlichkeit der Stacheln erscheint es notwendig, die Befreiung von ihnen so bald wie möglich – und auf geringste traumatische Weise – zu realisieren.

Canetti, der die Verwirklichung eines solchen Befreiungsprozesses beschreibt, behauptet, daß man zwischen dem Befehl an einzelne und viele unterscheiden müsse. Der Befehl an viele hat eine ganz besondere Eigenschaft: er versucht, aus den vielen eine Masse zu bilden und erweckt in dem Maß, wie er dies schafft, keine Angst. Der Befehl an eine Masse hinterläßt keinen Stachel. Die Drohung, die die Fluchtmasse verursacht, löst sich gerade durch diese Flucht auf.

Der Stachel hält sich nur, wenn der Befehl dem Menschen als Individuum gegeben wird. Es liegt jedoch auf der Hand, daß in einer Gesellschaft eine große Zahl von Individuen – und nicht ausschließlich die Masse – persönlich davon betroffen wird. Weiters ist zu behaupten, daß diese Einzelpersonen in Summe die Mehrzahl der Gesellschaft ausmachen bzw. daß sie die Schlüsselpositionen der Sozietät besetzen (politische Führer, Gewerkschaftsfunktionäre, Intellektuelle usw.). So wird dadurch zwar nicht jeder einzelne betroffen, über ihre Vermittlung jedoch die ganze Gesellschaft. Dieses Problem wird auch nicht dadurch aus der Welt geschafft, indem man einer autoritären Regierung ein Ende setzt, sondern es bleibt als Erbe der darauffolgenden demokratischen Regierung, trotz deren Bemühungen, neue Freiräume zu eröffnen.

Eine autoritäre Regierung hat unter anderem die Eigenschaft, mehr und über einen breiteren Raum Befehle zu erteilen als eine demokratische. Zur selben Zeit sind die Befehle der autoritären Macht weit weniger domestiziert, die Anzahl der Stacheln dementsprechend. Mit der Errichtung einer parlamentarischen Demokratie erscheint der Druck der Bürger gewaltig, sich der Stacheln zu entledigen. Selbstverständlich entlädt man im Prozeß selbst, der die Änderung der Regierungsform begleitet, eine große Anzahl von ihnen. In Lateinamerika, wo die Änderung von einer Regierungsform zur anderen im allgemeinen durch Verträge stattfand, kam dieser Vorgang dadurch nicht voll zum Tragen. Die Bürger harren so weiter der Entladung. Das bedeutet eines der gravierendsten Schwierigkeiten der neuen Demokratien in Uruguay, Argentinien und Chile. Wie mit den Folgen der autoritären Befehle fertigwerden? Was macht man beispielsweise mit den geerbten Gesetzen und Institutionen? Wie kann man die Verletzung der Menschenrechte wiedergutmachen? Die Antwort auf diese und ähnliche Fragen wird natürlich von Staat zu Staat verschieden ausfallen.

Über Chile, wo die vorangegangene Regierung einen strikten Militärcharakter hatte, muß man sich vor Augen halten, was Canetti über den Militärbereich sagt.[12] Hier ist es, wo sich der *Befehl* in der gegenwärtigen Gesellschaft noch so erhalten hat, wie er in seiner reinsten Form ist, mit seiner ganzen Gewalt, ohne Sinn für Widerrede. Denn die chilenische Regierung war stets bestrebt, ihre Strukturen auf alle zivilen Bereiche auszudehnen. Wiederholt erklärte sie, sie hätte ein globales Konzept für die gesamte Gesellschaft, das zum Bestehen über ihre Zeit der Regierung hinaus Bestand haben sollte. Und handelte dementsprechend: sie errichtete Institutionen, erließ Gesetze oder erteilte Befehle, um dieses Ziel zu erreichen.

Heute noch sind diese Befehle präsent, von deren Stacheln man sich nur schwer befreien kann, vor allem wegen der Komplexität und Eigenartigkeit, die sie besitzen. Dies ist unter anderem der Fall bei gewissen Normen der chilenischen Verfassung und bei Gesetzen, deren Absicht es war – wie viele Male betont –, „alles festgebunden, sehr gut festgebunden" zu übergeben. Man stattete Personen und Institutionen mit Macht aus, von denen man vermutete, daß sie der früheren Regierung wohlgesonnen sind. So groß ist heute ihr Einfluß, daß die derzeitige demokratische chilenische Regierung ihre Macht mit ihnen teilen muß. In diesem Zusammenhang zu erwähnen: der Rat für Nationale Sicherheit, der dem Präsidenten oder anderen höchsten Autoritäten durch einen Akt zu erkennen geben kann, was immer gegen die „Institutionalität" oder die „nationale Sicherheit" verstoßen könnte; die Rolle der Streitkräfte als Garant der Institutionalität. (Die Normen der eben genannten Institutionen berücksichtigend hat man für Chile den merkwürdigen Fall ausgemacht, daß ein Staatsstreich durchaus den Gesetzen entsprechend, verfassungskonform wäre.) Zu erwähnen wären weiters die Rechnungsprüfer der Republik, die designierten Senatoren und Bürgermeister, die Verfassungsrichter usw.[13]

Eine diesbezügliche Änderung in Chile zu erreichen ist insofern schwierig, als man, um Gesetze zu erlassen, die Zustimmung des Parlaments und des Präsidenten benötigt. Nun besteht das chilenische Parlament aber aus zwei Kammern, der Abgeordnetenkammer und dem Senat. Um einen Gesetzesentwurf oder eine Verfassungsänderung zu verabschieden, benötigt man die absolute Mehrheit in beiden Kammern. Der Senat besteht jedoch zum Großteil aus designierten Senatoren, die von der seinerzeitigen Militärregierung auf acht Jahre in ihr Amt geholt wurden. Man kann nun leicht verstehen, daß Gesetzes- und Verfassungsänderungen dadurch auf etliche Zeit blockiert werden. Trotzdem legt die heutige Regierung einen großen Teil ihrer Anstrengung gerade auf diesen Punkt. Eine Anstrengung, um wieder mit Canetti zu reden, um sich der Stacheln des Befehls zu entledigen. Denn wenn man Befehle schon nicht ungeschehen machen kann, so muß man ihren Schaden wenigstens auf ein Minimum reduzieren. Canetti behauptet: „...der Befehl in seiner kompakten, fertigen Form, wie er sie nach einer langen Geschichte heute hat, ist das gefährlichste einzelne Element im Zusammenleben von Menschen geworden. Man muß den Mut haben, sich ihm entgegenzustellen und seine Herrschaft zu erschüttern. Es müssen Mittel und Wege gefunden werden, den größeren Teil des Menschen von ihm freizuhalten. Man darf ihm nicht erlauben, mehr als die Haut zu ritzen. Aus seinen Stacheln müssen Kletten werden, die mit leichter Bewegung abzustreifen sind."[14]

Anmerkungen

1 Aus dem Spanischen von John Pattillo-Hess

2 Elias Canetti: „Masse und Macht", Frankfurt am Main 1980, S. 529

3 Siehe ebd., S. 340 f.

4 Gesetzerlaß Nr. 6, Santiago, 12. September 1973, in „Diario Oficial, Nr. 28.654"

5 Gesetzerlaß Nr. 12, Santiago, 17. September 1973, in „Diario Oficial, Nr. 28.658"

6 Gesetzerlaß Nr. 25, Santiago, 19. September 1973, in „Diario Oficial, Nr. 28.657"

[7] Gesetzerlaß Nr. 27, Santiago, 24. September 1973, in „Diario Oficial, Nr. 28.658"

[8] „Acta de constitución de la junta de gobierno", Santiago, 11. September 1973, in „Diario Oficial, Nr. 28.653", Gesetzerlaß Nr. 1

[9] Siehe Canettis „Masse und Macht", S. 335 ff.

[10] Ebd., S. 341 ff.

[11] Ebd., S. 338 ff.

[12] Ebd., S. 349–351

[13] Siehe „Constitución Política de la Republica de Chile 1980", Santiago, S. 38 ff., S. 58 ff., S. 64 f., S. 68, S. 70 ff.

[14] „Masse und Macht", S. 371

Weniger verehren, mehr fragen

Tibor Pichler

Wir haben uns hier versammelt, um über ein Buch nachzudenken oder sich zu ihm Gedanken zu machen, und ich möchte folgende Frage stellen: Hilft das Lesen von Canetti, von Canettis „Masse und Macht", besser, d. h. menschenwürdiger, ichwürdiger zu leben? Ich glaube, sie mit einem Ja beantworten zu können. Canettis Buch ist eines jener Bücher, die nicht bloß Bücher sind, sondern Wirkliches in Gedanken fassen und somit helfen, das Leben bewußter zu meistern, vorausgesetzt, daß man gelernt hat, darin zu lesen, was eigentlich nicht so einfach ist, wie es scheint. Ich bin immer wieder verblüfft, wie aufschlußreich Canettis wissendes Erzählen über Masse und insbesondere über die Macht ist, wieviel Klärendes man darin finden kann, wenn man über eigenes Erlebtes und Erfahrenes nachsinnt. Canettis Opus ist also ein Grund- und Handbuch, ein Nachschlagewerk.

Als ich mich daran machte, einen Beitrag zum diesjährigen Canetti-Symposion zu schreiben, nahm ich sein Werk zur Hand, blätterte in ihm und begann, sozusagen zur Einstimmung – den summierenden Epilog „Die Auflösung des Überlebenden" sorgfältig wiederkäuend –, nach etwas mir bis jetzt Verborgenem, noch nicht Entdecktem zu suchen. Ich wurde fündig. Ein Satz packte mich, veranlaßte mich zu wiederholtem Lesen und gab mir schließlich den gesuchten Schlüssel zum Referat in die Hand und in den Kopf.

Dieser Satz hat folgenden Wortlaut: „Der Respekt vor den ‚Großen' dieser Welt ist sehr schwer aufzulösen; und unermeßlich ist das Verehrungsbedürfnis des Menschen."

Im Kontext gelesen, bedauert der Satz das, was er feststellen muß. Da haben wir also drei Dinge: den schwer aufzulösenden „Respekt vor den Großen", das „unermeßliche Verehrungsbedürfnis" und last, not least „den Menschen". Nun, an und für sich sind weder „Respekt" noch „Verehrung" im vorhinein negativ zu bewertende Attitüden. Sie gehören ja in den gängigen Haushalt menschlicher Verhaltensweisen. Ihr menschlicher Wert jedoch bemißt sich danach, in welchem Maße sie ihren Ursprung im Bewußtsein personaler Souveränität haben, ob sie ein selbstbewußtes oder ein passives, der Manipulation ausgeliefertes Ich bezeigen. Ein der Manipulation ausgeliefertes Ich ist ein fremdbestimmtes, außengesteuertes, versklavtes, Befehlen gehorchendes, d. h. unfreies Ich. „Der freie Mensch", sagt Canetti, „ist nur der, der es verstanden hat, Befehlen auszuweichen, und nicht jener, der sich erst nachträglich von ihnen befreit. Aber wer am längsten zu dieser Befreiung braucht oder es überhaupt nicht vermag, der zweifellos ist der Unfreieste." Danach sollte es eigentlich nicht schwer sein, festzustellen, wieviele Menschen wirklich frei sind.

Es kommt also auf den Menschen an, sein Freiheitsbewußtsein, ferner auf sein Mißtrauenstraining, seine Übung im Widerstand, auf seine Lust, Ich sein zu wollen. Denn geben wir uns keinen Illusionen hin, ein komfortables Sklavensein und Gefängnis haben schon ihren Reiz sowie eine nicht zu unterschätzende Anziehungskraft. Wenn über „den Menschen" gesprochen wird, wird darunter meist ein Mensch wie du und ich verstanden, ein sogenannter „kleiner Mann", und es kommt darauf an, daß dieser „kleine Mann" als Kleiner „groß" werde.

Soviel scheint klar zu sein, daß man „gesund" nur unter der Bedingung verehren kann, daß man sein Selbst nicht auf- und weggibt: an einen „Großen" (heiße er nun Überlebender, Held, Machthaber – alle sind Ichräuber) oder an eine „große Idee". Das Resultat in beiden Fällen ist das gleiche: Versklavung, Figurwerdung, Schmälerung, gar Verlust des persönlichen Freiheitsrechts.

Die Anamnese der Menschheit ist beklemmend. Die Inventur bisheriger Geschichte zeigt, daß sie zu sehr von Freund-Feind-Denken beherrscht und zu teuer mit menschlichem Leben bezahlt worden ist. Das menschliche Mit- und Beieinander artete gar zu oft in ein blutiges Gegeneinander aus. Es gälte, eine neue Kultur menschlichen Seins zu initiieren und ein neues Lebensethos zu finden, dessen Merkmale Lebensbejahung, Gewaltlosigkeit und ein Machtverständnis wären, das Erniedrigung, Instrumentalisierung von Menschenleben und Töten ausschließt. Neue Verhaltensmuster tun not sowie eine neue, persönlich verantwortungsbewußte, positiv schenkende, nicht unterbindende und unterjochende Lebenseinstellung. Vielleicht sind die Menschen dabei, eine Lektion zu lernen, daß nicht das Was, sondern das Wie, der Stil, die Mittel legitimierend wirken. Oder anders ausgedrückt: Die Mittel heiligen die Zwecke.

Das 20. Jahrhundert zeugt von wahnsinnigen, bewußt und planmäßig Geschichte verändernden und „vollendenden" Unternehmungen, die eine ungeahnte Degradierung der conditio humana mit sich brachten. An einigen Teilen der Menschheit wurden Experimente durchgeführt, die Leid brachten, wo sie es hätten beseitigen sollen. Machthaber und Massen wurden zu hierarchisierten „Angestellten" des „Geschichtsprozesses". Der Mensch wurde zur Masse und verschwand als Person, er wurde des eigenen Urteilsvermögens enthoben und durfte nur Antworten lernen, ohne Fragen stellen zu dürfen. Er stand ja unter der Befehlsgewalt einer „wissenschaftlich" sprechenden Geschichte. Wissenschaftlich bedeutete einzig richtig, unfehlbar. Der Mensch wurde Gefangener der Geschichte. Deren Inhalt bestand aus Kampf, aber der Versuch, kämpfend und unter Einsatz des durch „wissenschaftliches Wissen" scheinbar legitimierten Terrors und durch Gewalt sich aus antagonistischer Geschichte in eine glückliche und nicht leidend machende Nachgeschichte zu katapultieren, schlug fehl. Warum wohl? Ich glaube, weil Gewalt nicht positiv kreativ sein kann. Gewalt läßt sich nur punktuell, zeitlich begrenzt einsetzen, aber Gewalt schafft keine dauerhaften, menschlich sinnvollen Strukturen. Ihr Charakter besteht aus Unterdrückung; es mutet daher als Wahn an, Unterdrückung einfach unterdrücken zu wollen. Die existentielle Schwachstelle einer jeden auf Gewalt gegründeten Herrschaft, egal welcher ideologischen Legitimation, besteht darin, daß sie den Kontakt zur Realität sowie den Sinn fürs Lebendige, was besonders schwerwiegend ist, verliert, dadurch dogmatisch steif wird und eine isolationistische, lernunfähige Bunker- und Lagermentalität entwickelt, deren ein und alles die Zementierung der eigenen und Vernichtung der gegnerischen Machtposition ist. Sie verträgt keine Wahrheit, keine Gegenfrage, und unter ihr darf nicht öffentlich gelacht werden. Da sie selten abtreten kann, wird sie meistens weggetreten. Fazit: recht hatte Masaryk, als er meinte, die Welt und die Realität ließen sich nicht durch einen großen Sprung und eine einmalige Katharsis ändern.

Wissen und Erkennen sind keineswegs macht- und gewaltfreie Zonen, wie man voreilig meinen möchte, und der Machthaber kann auch in der Gestalt des Denkers auftreten: dann handelt es sich meistens um einen „Meisterdenker". Canetti meint dazu folgendes:

„Vielleicht die extremste Tendenz der Paranoia ist die zu einem kompletten Ergreifen der Welt durch *Worte*, so als wäre die Sprache eine Faust und die Welt läge darin. Es ist eine Faust, die sich nie wieder öffnet. Aber wie bringt sie es fertig, sich zu schließen? Da muß man nun auf eine *Kausalitäts*sucht verweisen, die sich als Selbstzweck setzt und die man in diesem Maße sonst nur bei Philosophen findet. Es geschieht nichts ohne Grund, man muß nur danach fragen." Es sind also Denker, die danach fragen. Aber zu denken, daß sie es wirklich erfragen, ist natürlich ein Wahn und sogar ein sehr gefährlicher. Das Für-möglich-Halten der „Ergreifung" dessen, was die Welt im Innersten zusammenhält, das Sich-bemächtigen-Wollen der Welt ist ein unheilbringender Machtwahn. Beherrschen zu wollen ist eine bedenkliche Umgangsart mit Menschen und Dingen, weil sie darauf aus ist, ihnen den eigenen „Willen", das eigene Ich rauben zu wollen.

Macht gehört zum Leben, und man wäre versucht zu meinen, Leben sei Macht. Wir kennen auch die „Macht der Ohnmacht", aber auch die Ohnmacht der Macht. Nichts dauert ewig, und auch die Macht in ihrer jeweiligen Gestalt und in ihrem jeweiligen „Haber" ist einem Prozeß des Alterns ausgesetzt, insbesondere dann, wenn sie sich einkapselt und zu zementieren versucht. Schwindel, Geheimniskrämerei, Lüge sind Zeichen kranker Mächte. Nicht umsonst meinte Nietzsche, die Stärke sei nach der Fähigkeit zu bemessen, Wahrheit zu ertragen.

An und für sich ist Macht weder gut noch schlecht. Über ihren Wert entscheidet die Art und Weise, wie sie ausgeübt, wie mit ihr umgegangen wird: ob positiv (lebensentfaltend) oder negativ (lebenshemmend). Die Macht steckt in den Menschen als deren Können oder in den gewissermaßen autonomen Apparaten, Institutionen oder, sagen wir mal, in den relativ selbständigen Befehlssystemen eines jeden Staates, die sich dem direkten, täglichen, überwachenden Zugriff eines mündigen Bürgers entziehen. Darum ist es von größter Wichtigkeit, demokratisch gewählte „Befehlshaber" an seiner Spitze zu haben.

Macht und Mächtige sowie Spiele der Macht imponieren dem Menschen. Zeitungen und Illustrierte leben ja größtenteils davon. Man könnte verallgemeinernd konstatieren, daß das Kräftemessen in den verschiedensten Formen zum Bestandteil der menschlichen Kultur seit jeher gehört. Der Fortschritt der Kultur sollte darin zum Ausdruck kommen, daß aus der Lust, Kräfte zu messen, kein Spiel mit tödlichem Ausgang wird.

Canetti zeigt, daß das Spiel der Macht meistens an Doppelmassen gebunden ist, die sich feindlich gegenüberstehen und aufeinander losgehen. Die bekannteste historische Form des feindseligen Aufeinandertreffens von Doppelmassen ist der Krieg als gegenseitige Gewaltanwendung mit Toten und Verletzten. Der Krieg habe jedoch laut Canetti seine mehrende Funktion verloren und werde einesteils allmählich durch sportliche Wettkämpfe ersetzt, anderenteils sei er dem seiner Natur nach friedlichen „Furor der Produktion" gewichen. Ob das Ereignis des Golfkrieges, der atavistischerweise vom Irak in der Hoffnung auf Vermehrung vom Zaun gebrochen wurde, Canettis Behauptung entkräftet? Das bleibt zu überlegen, ich glaube es aber nicht. Darüber hinaus sagt Canetti: „Jedes Land zeigt sich heute dazu geneigt, seine Produktion noch mehr als seine Menschen zu schützen. Nichts rechtfertigt sich mehr, nichts ist allgemeiner Billigung so sicher."

Im Spiel der Produktion, die wir eigentlich als die kontemporäre Kulturform bezeichnen könnten, geht es um eine Entfesselung der mehrenden, kreativen und innovativen Kräfte. Positiv aufgefaßt ließe sich meinen, daß es sich um ein Schöpfungschaos handelt, in dem nichts ruht, sondern alles sich ändert und erneuert. Macht muß ständig unter Beweis gestellt werden. Um nicht zu entarten, benötigt die Macht Freiheit, Offenheit, Konkurrenz. Sie wird dann mißbraucht, wenn sie in einem geheimgehaltenen, unfairen Spiel andere in ihrem Sein behindert und unterdrückt. N. S. Rubaschow in Arthur Koestlers Roman „Sonnenfinsternis" meint, Politik, Geschichte gar ließen sich nicht nach den Regeln des Fair play und Krickets machen. Welch eine Fehleinschätzung! Gerade dies wäre ja wünschenswert.

Ziehen wir den Schluß: Macht entfaltet sich positiv nur dort, wo Freiheit ist; Unfreiheit oder Knechtschaft ist die Zwillingsschwester der in Gewalt übergehenden Macht. Macht kann Kreativität bedeuten, Gewalt ist Gefängnis, Stagnation, Tod: ein wirklicher oder einer bei lebendigem, jedoch versklavtem Leib. Die Macht läßt sich positiv oder negativ verstehen und leben: wenn sie geteilt ist, wenn viele an dem Spiel der Macht teilnehmen, wirkt sie positiv, denn viele Spieler garantieren die Demokratie der Machtausübung; aber im Falle, daß die Macht konzentriert wird und bedauerlicherweise nur einen „Haber" hat, wird ihr Spiel knechtend und absolutistisch sowie der Gefahr der Paranoia des „Habers" ausgesetzt.

Canetti hat sich überwiegend der Beschreibung negativer Machtausübung gewidmet. Dies heißt jedoch nicht, daß er außer acht gelassen hätte, wie Gewaltherrschaften und repressive politische Systeme gestürzt werden können. Widerstand gegen Repression sowie das Stürzen von Gewaltherrschaften sind das Werk von Verbots- oder Umkehrungsmassen, die die Befreiung vom Stachel des Befehls verwirklichen. Die Umkehrungsmasse ist aber eher eine einmalige, keine alltägliche, keine permanente Erscheinung, und deswegen liegt die Frage nahe: Wie läßt sich eine Umkehrung sichern, die Erfolg hatte? Wie macht man aus einem Großereignis der Geschichte ein wirkendes Kleinereignis des Alltags? Wie rettet man den Schwung und die Kraft des neuen Anfangs und bewahrt sie für später auf? Das sind Fragen, die nicht die Masse beantworten kann, wenn wir einmal von der Festmasse absehen, die dazu geeignet erscheint, den neuen Anfang – und insbesondere seine Inspiration – an seinen Jahrestagen jubilierend am Leben zu erhalten. Es handelt sich also eher um Fragen, die den einzelnen angehen und denen er im kleineren, aber keineswegs unwichtigen Wirkungskreis seines individuellen Lebens Genüge tun muß; oder anders ausgedrückt: die er mit seiner Lebensführung beantworten muß. Es muß ein ichbewußter einzelner sein, und als solcher sollte er Verantwortungsbewußtsein im Alltag demonstrieren und sich nicht als Objekt einer Macht preisgeben, ihr gegenüber sollte er primär als Fragesteller und nicht als Antwortgeber auftreten.

Canettis Text „Frage und Antwort" bietet reichlich Hinweise zur Beschreibung einer wirkungsvollen Haltung menschlichen und bürgerlichen Mutes, der darin zum Ausdruck kommt, daß der einzelne das Machtspiel des Gegenfragens erlernt und sich nicht durch billige Antworten und Ausflüchte aus dem Feld schlagen läßt. Er stellt seinen Mann, wie es so schön heißt. Eingefleischte Machthaber und totalitäre Gewaltsysteme zeigen eine Abneigung gegenüber Fragen, die von „unten" kommen. Sie erwarten Verehrung anstelle von Fragen. Der Machthaber will nicht „festgelegt" werden, will nicht erkannt und in seinen Geheimnissen durchschaut sowie in seinem Geheimwinkel aufgestöbert werden.

Fragen bedeutet denken und handeln. Derjenige, der fragt, ist aktiv. Und um Aktivsein geht es. Aktivsein ist ein arg mißbrauchtes Wort, sein Sinn verdunkelt. In Diktaturen war es ein Grundwort der Propaganda. Nur bei näherem Hinsehen zeigt sich leider, daß es sich keineswegs um ein Aktivsein aus sich selbst heraus handelte, sondern um ein Tätigwerden, besser noch um ein auf Befehl von außen erfolgtes In-Bewegung-gesetzt-Werden. Solch eine Aktivität läßt sich nicht anders als eine sklavische nennen.

Die echte Aktivität ist diejenige, die ihren Ursprung im jeweiligen einzelnen hat, die in ihm und durch ihn selbst gezündet wird. Ein in diesem Sinne aktiviertes Individuum ist ein Selbst, ein Ich, das Respekt vor sich selbst hat und nicht gleichsam automatisch in die Knie vor einem „Großen" geht. Man könnte dieses Ich ein liberal-demokratisches Ich nennen, das seine Arbeit in der Gesellschaft verantwortungsbewußt verrichtet und über die kleinen Dinge des Alltags groß denkt, das nicht glaubt, daß es zur Meisterung des Lebens Persönlichkeiten vom Typ des „Großen" sowie große, nicht selten Menschenleben vernichtende Ideen geben müßte. Dieses Ich liefert sich nicht einem großen Ich aus, im Glauben, daß dadurch sein Leben, sein Auskommen, seine Sicherheit gewährleistet sein würden. Er entledigt sich nicht seiner Verantwortung, er delegiert sie nicht an einen „Weltgeist", er bleibt mündig und weigert sich, an den vom „Weltgeist" organisierten Zustimmungsfesten teilzunehmen. Er weigert sich, ein kleiner, bloß gehorchender Mann zu sein und erkennt, daß Größe nicht unbedingt eine „historische" Dimension haben muß, sondern auch Verantwortungsbewußtsein im Alltag und Ichtreue bedeuten kann: er fragt, wenn ihm das, was ist, fragwürdig erscheint und meidet das Schweigen. Er bejaht das Risiko der Freiheit und verneint die zweifelhafte Sicherheit einer versklavten, dem Gehorsam verpflichteten, wegen Komfortsucht erpreßbaren, mehr dem „Haben" als dem „Sein" verschriebenen Existenz.

Ein neues Wissen bricht sich allmählich freie Bahn. Seine Qualität erweist sich nicht so sehr im Besserwissen als im Durchschauenkönnen. Die Kultivierung dieser Fähigkeit, die als Konsequenz größere Ichfestigkeit zeitigen sowie den Manipulationsgelüsten und Verdummungsversuchen seitens der „Großen" – seien es Personen oder Institutionen – entgegenwirken würde, kann kräftige Stimulation in Canettis Werk finden. Wir brauchen ein Wissen, das Dummsein und Verdummung zugleich verhindert, sowie eine Antwort auf die schwierige Frage, was Dummheit eigentlich bedeutet. Ist sie Mangel an Urteilskraft? Entsteht sie durch Preisgabe des Begriffs der freien, selbstverantwortlichen Person? Sie gedeiht ja dann, wenn der Mensch „im Schutz der Partei, Nation, Sekte oder Kunstrichtung auftritt und ‚wir' statt ‚ich' sagen darf". (Siehe Robert Musil: „Über die Dummheit", Wien 1937)

Cleverneß genügt nicht. Sie ist die niedrigste Stufe des Nichtdummseins, die sich irgendwie und irgendwo die Dummheit der anderen zunutze macht und in dieser Hinsicht ethisch nicht besonders hochzuschätzen ist. Der Cleverneß inhäriert auch die Fähigkeit des Durchschauens, nur ist diese Art des Durchschauenkönnens eben nicht sozial positiv motiviert. Den Betrüger könnte man gewissermaßen auch als einen Wissenden bezeichnen, insofern er die Gabe hat, komplizierte Zusammenhänge zu durchblicken und Schwachstellen sowie Lücken schnell herauszufinden und für sich zu verwenden. Nicht selten sind Machthaber gerade diese Betrüger. Als clevere und gewiefte Macher und Spielernaturen nutzen sie die Dummheit ihrer Mitmenschen – die sich unter anderem in dem vom Zweifel nicht angenagten „unermeßlichen Verehrungsbedürfnis" äußert – und versuchen, diese Dummheit noch durch Bildung und Propaganda, sprich Spezialverdummung, zu kräftigen.

Nun, wie heißt dann die Tugend, die Durchschauenkönnen mit persönlichem Verantwortungsbewußtsein sowie sozialem Edelmut verbindet? Auf diese Frage gilt es eine Antwort zu finden.

DEN BEFEHL OHNE SCHEU INS AUGE FASSEN

Bemerkungen zum politisch-ideologischen Systemwechsel in Ungarn

Tamás Lichtmann

Die eigentlichen Machtstrukturen im heutigen Ungarn zur Zeit des Systemwechsels sind eben in der Entwicklung begriffen, und die Machtverhältnisse sind ziemlich unklar. Früher war die Struktur und Funktion der Macht und die Lage der Massen vollständig geklärt und eindeutig. In den letzten Jahren des existierenden Sozialismus war die Diktatur gar nicht mehr so hart wie früher (etwa in den fünfziger Jahren und in der ersten Hälfte der sechziger Jahre), daher lautete die Bezeichnung von Ungarn in der westlichen Presse: „die lustigste Baracke im Ostblock" oder „die weiche Diktatur". Nach dem vor allem durch die katastrophale wirtschaftliche Lage motivierten Zerfall des kommunistischen Systems entstand eine Lücke, ein Machtvakuum. In dieser Situation spielten die früheren oppositionellen Gruppen eine entscheidende Rolle. Es gab schon seit der Mitte der achtziger Jahre viele Intellektuelle, deren Gruppe mit der Zeit immer größer wurde und die es verstanden haben, den Befehlen auszuweichen. Einige Zeichen waren damals schon vorhanden, die die immer größere Befehlsangst der Machthaber zeigten. Diese Befehlsangst ist „größer, je näher der Befehlende der eigentlichen Befehlsquelle steht. ... An der Quelle des Befehls, in dem, der die Befehle aus sich heraus erteilt, der sie von niemand empfängt, der sie sozusagen selbst erzeugt, da ist die Konzentration von Befehlsangst die größte. Sie kann in Machthabern lange gebändigt und verborgen bleiben. Sie kann sich im Laufe eines Herrscherlebens steigern und als Cäsarenwahn zutage treten."[1] Die Befehlsangst der ungarischen Machthaber konnte sich aber nicht mehr zum Cäsarenwahn und zur Paranoia steigern wie etwa in Rumänien, in der Diktatur von Ceausescu, dessen Paranoia zum Befehl des Massenmordes führte. Die Ausführung dieses Befehls wurde nur durch die Umkehrung, durch den Aufstand der Massen verhindert. Das war aber in Ungarn der achtziger Jahre schon längst nicht mehr möglich. Das Selbstvertrauen und Selbstbewußtsein der Machthaber waren schon längst erschüttert, auch an der Quelle des Befehls, auch im Inneren des János Kádár. Die Befehlsangst der ungarischen Machthaber führte zu einer politischen und weltanschaulichen Ohnmacht, aus der sie bis heute noch nicht erwacht sind. Auch benötigt die Frage eine weitere Analyse, ob die ungarischen Machthaber wirklich an der Quelle des Befehls lebten oder nur Befehlsvollstrecker der eigentlichen Machthaber in Moskau waren. Im zweiten Fall führte dann eben der Zerfall der kommunistischen Macht in der Sowjetunion zum Machtverzicht der ungarischen Kommunisten.

Es gehörte zur Eigenartigkeit der ungarischen Diktatur, daß sich hier die Masse – oder die überwiegende Mehrheit der Masse – nicht massenhaft verhielt, d. h. von den Stacheln nicht frei bleiben konnte. „Es ist die *isolierte* Befehlssituation allein, die zur Bildung des Befehls-Stachels führt."[2] Es war eine logische Konsequenz der lustigen Baracke und der weichen Diktatur, daß die „Meute“ (Jagd- oder Vermehrungsmeute) hier nicht zu einer Masse verdichtet wurde. Die Machthaber wollten die Massenbildung vereiteln, und mit kleineren Bestechungen ist es ihnen wahrlich gelungen, die Herausbildung der Masseneigenschaften zu verhindern. In der ungarischen Masse herrschte keine Gleichheit, da es ihr erlaubt war, Ungleichheiten zu erreichen. Die Machthaber strebten danach, die einzelnen Mitglieder der Masse zu isolieren, und die Isoliertheit und Entfremdung erreichten dann wahrhaftig ein hohes Maß. Infolge der künstlichen Isolierung wollte die Masse auch nicht wachsen, hatte daher auch keine Richtung. Die Volksmasse hatte die Befehle jahrzehntelang ausgeführt, da sie keine andere Möglichkeit gehabt hatte, um zu überleben. Sie lebte in Passivität und Ohnmacht. Der Angriff von *innen* – von außen motiviert und angeregt – wird von der Masse als Bestechung empfunden, als „unmoralisch“, da er ihrer klaren und sauberen Grundgesinnung entgegenläuft. „Jeder, der zu einer solchen Masse gehört, trägt einen kleinen Verräter in sich, der essen, trinken, lieben und seine Ruhe haben will. Solange er diese Verrichtungen nebenher besorgt und nicht zuviel Wesens aus ihnen macht, läßt man ihn gewähren. Sobald er sich aber laut vernehmlich macht, beginnt man ihn zu hassen und zu fürchten. Man weiß dann, daß er die Lockungen des Feindes gehört hat.“[3] Die Lockung des Feindes war die Ermöglichung des Essens, Trinkens, Liebens und die relative Ruhe, die den isolierten Mitgliedern der Masse gewährt wurde. In dieser isolierten Befehlssituation konnte die Masse nicht frei von Stacheln bleiben. Sie führte nämlich die Befehle auch infolge der Bestechungen aus. Die Befehlsangst der resignierten Machthaber und der Stachel in der isolierten Masse führten zum Machtzerfall und zur Auflösung der weichen Diktatur. Diese gegenseitige Spannungsschwäche, diese Entspannung erklärt auch die Tatsache, daß die Umkehrung der Masse, die negative Antwort auf die Befehle nicht – wie in fast allen anderen sozialistischen Ländern – zum Zusammenstoß, zum Aufstand, zum gewaltigen Umsturz der Macht führte, sondern friedlich ablief, denn die Spannung war schon vorher abgeschwächt. Die Treffen der Opposition in Monor und Lakitelek und die darauf folgenden oppositionellen Rundtischverhandlungen mit den Vertretern der Macht führten zum Umbruch, zum friedlichen Zusammenbruch der alten Macht; es ist einmalig im Ostblock, daß der Systemwechsel – ohne eine einzige Demonstration – „am Rundtisch“ stattfand. Damals entstanden die neuen Parteien: die Nachfolgepartei der kommunistischen Machthaber, die Ungarische Sozialistische Partei (MSZP), die beiden größten Parteien der früheren Opposition, der Bund der Freien Demokraten (SZDSZ) und das Ungarische Demokratische Forum (MDF), eine von jungen Juristen gegründete liberale Partei, der Bund der Jungen Demokraten (FIDESZ) sowie zwei historische Parteien, die Christlich-Demokratische Volkspartei (KDNP) und die Unabhängige Partei der Kleinwirte (FKgP).

Wo liegt heute das Zentrum der Macht? Die früher einheitliche Opposition – einheitlich eben in ihrer oppositionellen Rolle – ist im letzten Jahr zerfallen. Die inneren Widersprüche, Antagonismen kamen zum Vorschein, und der Übergang von der Diktatur zur Demokratie erwies sich als eine äußerst komplexe und komplizierte Aufgabe. Es ist ein völlig neues historisches Experiment: ein Übergang soll gefunden werden von der Diktatur in die Demokratie. Es gab zwar schon gelungene Versuche des Übergangs von einer faschistischen Diktatur in eine Demokratie (Deutschland, Spanien, Italien), aber noch keine von einer kommunistischen Diktatur in eine moderne Demokratie. Die Schwierigkeiten dabei sind auch am Beispiel der Sowjetunion ersehbar. Das Risiko liegt auch darin, daß für eine Rückkehr der ehemaligen UdSSR zur Diktatur weiter akute Gefahr besteht. In diesem Falle wäre auch die Lage der ehemaligen sozialistischen Länder höchst gefährdet. Daher auch die Schwierigkeiten des neuen Systems.

Gleich nach dem Zusammenbruch des alten Systems begann der Aufbau der demokratischen Institutionen. Die alten Machtstrukturen mußten abgebaut und neue demokratische Ordnungen aufgebaut werden, in denen nicht mehr ein Diktator oder eine Minorität die Macht besitzt, sondern die Volksmasse selbst. Der Aufbau begann mit dem Kampf um die Macht, unter demokratischen Verhältnissen, aufgrund der demokratischen Spielregeln. Aus der früher einheitlichen Opposition – die ihre Einheit im Kampf gegen die Diktatur gefestigt hatte – wurden zwei miteinander kämpfende Parteien: Das Ungarische Demokratische Forum und der Bund der Freien Demokraten. Worin besteht der Unterschied zwischen ihnen?

Das Ungarische Demokratische Forum wurde ursprünglich als Sammelpartei gegründet, in der die breiten Volksmassen vertreten werden. Demgemäß ist die Partei von Anfang an polarisiert – und wird es immer mehr, so sehr, daß durch die innere Spannung der Zerfall droht. Drei große ideologische Strömungen sind in der Partei vorhanden: eine völkisch-nationalistische Gesinnung, ein national-liberaler Geist und eine christlich-demokratische Orientierung. Der Präsident der Partei, Ministerpräsident József Antall, vertritt eher einen national-liberalen Standpunkt, kann aber mit den Rechtsextremisten seiner eigenen Partei schwer das Gleichgewicht halten. Deshalb ist seine Lage – obwohl die Parole der Partei „die ruhige Kraft“ lautet – höchst labil. Die „ruhige Kraft“ steht vor allem für den Antiradikalismus und den national gefärbten soliden Konservativismus der Partei, sie wird aber von den extremen Äußerungen ihrer inneren Gegner immer wieder erschüttert (z. B. durch aggressiven Konservativismus, nationalistischen Antiradikalismus, Antiliberalismus, Populismus und Klerikalismus).

Die Gegenpartei, der Bund der Freien Demokraten, ist viel radikaler und vertritt eine vor allem dem englischen Vorbild folgende liberale Demokratie. Diese Partei scheint einheitlicher zu sein, hat aber eine viel geringere Massenbasis. Mitglieder und Sympathisanten dieser Partei sind die früheren intellektuellen Oppositionellen. Diese Partei ist eben wegen ihres antinationalistischen Liberalismus angreifbar und leidet an einer mangelnden Konzeption über nationale Werte.

Sieger der ersten demokratischen Wahlen war mit einer knappen Mehrheit das Demokratische Forum. Es wurde eine aus drei Parteien bestehende Koalition ins Leben gerufen, um die zur Regierungsbildung nötige Mehrheit zu sichern. Mitglieder dieser Koalition sind das Demokratische Forum, die Unabhängige Partei der Kleinwirte und die Christlich-Demokratische Volkspartei. So gerieten der Bund der Freien Demokraten und die ebenfalls liberale Kleinpartei, der Bund der Jungen Demokraten – zusammen mit dem früheren Gegner und Erzfeind, mit der Ungarischen Sozialistischen Partei –, wiederum in die Opposition. Die Lage der Opposition ist aber prinzipiell anders, als sie es in der Diktatur war. In der Demokratie gibt es nämlich nicht die Alternative von Macht und Machtlosigkeit, sondern nur eine Gegenüberstellung von gebändigter und ungebändigter Macht. Die Machtausübung erfolgt im Parlament, der wirkliche Besitzer der Macht muß aber, zumindest theoretisch, die Masse sein (Demokratie = Volksherrschaft). Im parlamentarischen System kämpfen die Parteien, indem sie auf Tote verzichten. „Das *Zwei-Parteien-System* des modernen Parlaments benutzt die psychologische Struktur der kämpfenden Heere. ...Es wird angenommen, daß die größere Zahl in einem blutigen Zusammenstoß siegen würde."[4] Im Parlament wird der blutige Machtkampf imitiert, als Maskenspiel und Figurenspiel vorgetäuscht. Der Augenblick des blutigen Zweikampfes wird in der Abstimmung imitiert: „Sie ist der Rest des blutigen Zusammenstoßes, den man auf vielfache Weise spielt, durch Drohung, Beschimpfung, physische Erregtheit, die bis zu Schlägen oder Würfen führen kann."[5] Diese Imitation, in westlichen Demokratien schon seit Jahrhunderten nach genauen Spielregeln gespielt, wird im ungarischen Parlament erst jetzt gelernt. Sie bewahrt noch mehr Reste des blutigen Zusammenstoßes und wird manchmal zu ernst genommen. „Niemand hat je wirklich geglaubt, daß die Meinung der größeren Zahl bei einer Abstimmung durch ihr Übergewicht auch die klügere sei. Es steht Wille gegen Wille, wie in einem Krieg; zu jedem dieser Willen gehört die Überzeugung des größeren eigenen Rechts und der eigenen Vernünftigkeit; sie ist leicht zu finden, sie findet sich von selbst. Der Sinn einer Partei besteht gerade darin, diesen Willen und diese Überzeugung wach zu erhalten."[6]

Der Kampf jetzt in Ungarn geht nicht um die demokratische Macht, d. h. um die Vertretung der Volksmacht und Volksherrschaft, sondern eher um eine autoritäre Alleinherrschaft, wie dies auch früher in der Diktatur der Fall war. Der Sieger glaubt nämlich wirklich, nicht nur die größere, sondern auch die klügere Partei zu sein. Die zur Zeit regierende Parteienkoalition strebt nicht nur nach Vertretung der Volksherrschaft, sie will auch die wirkliche Macht besitzen. Sie drängt nach einer Zentralisierung der Macht. Die Meinungen der Mitglieder dieser Parteien wollen als Urteile und Aburteile gelten, klüger, vernünftiger und berechtigter als die Urteile der Gegenparteien. „Die Freude am negativen Urteil ist immer unverkennbar. ...Man schiebt etwas von sich weg, in eine Gruppe des Geringeren, wobei vorausgesetzt ist, daß man selbst zu einer Gruppe des Besseren gehört. Man erhöht sich, indem man das andere erniedrigt."[7] Man deklariert z. B., daß die machthabenden Parteien die Interessen des Volkes, der ganzen ungarischen Nation überall und immer besser zu vertreten vermögen als die Gegenparteien. Es wird sogar der gute Wille der Gegenparteien und ihre Fähigkeiten zur Vertretung der Nation bezweifelt und mit einem Fragezeichen versehen. Die regierenden Parteien sind der Meinung, daß sie die einzigen authentischen Vertreter und Besitzer der echten politischen, ideologischen und moralischen Werte des ungarischen Volkes sind! Die heutige politische Situation wird durch diese schon beinahe diktatorische, die anderen ausschließende Machtbestrebung gekennzeichnet.

Der Anspruch auf Macht charakterisiert nicht nur die regierende Parteienkoalition, sondern auch alle übrigen Parteien im Parlament. Es stellte sich gleich nach den Wahlen heraus, daß eine große Koalition, eine Konzentrationsregierung von keiner Seite erwünscht war – obwohl sie für die Beseitigung der politischen und wirtschaftlichen Krise als höchst wünschenswert erschien –, da sowohl die jetzige Regierungskoalition als auch die Opposition für sich eine Alleinherrschaft beanspruchten. Aus dieser Gesinnung wurde ein Pakt zwischen der Regierungskoalition und der Opposition geschlossen, in dem sie sich über Funktion und „Macht" des Präsidenten verständigten. Es war nämlich zu befürchten, daß jemand in einer eventuellen Volksabstimmung zum Präsidenten gewählt werden könnte, der durch die großen Parteien nicht kontrollierbar ist und demgemäß eine zu große Macht innehätte. Im Sinne des Pakts bekommt nun immer die jeweils größte Partei das

Recht zur Regierungsbildung und die jeweils größte Oppositionspartei das Recht zur Nominierung des Präsidenten. Dadurch wurde die führende Machtposition des Präsidenten vereitelt, und der Präsident erhält nur eine repräsentative Funktion. Die Präsidentenmacht wurde auf diese Weise schon im voraus abgeschwächt und die Macht der jeweiligen regierenden Partei gefestigt.

Ein weiteres Element der Macht, das aus der kommunistischen Diktatur in die parlamentarische Demokratie hinübergerettet wurde, ist der Anspruch auf Abstand: „Aller freie Raum, den der Machthaber um sich schafft, dient dieser zweiten Tendenz. ...es kommt auch darauf an, sich nicht ergreifen zu lassen."[8] Man sucht Abstand, damit die Massen einen nicht berühren können, man fürchtet die Berührung durch Fremdes, Unbekanntes. Das ist in der Anthropologie von Canetti ein uraltes Phänomen und kennzeichnet nicht nur den Machthaber, sondern den Menschen überhaupt. „Jeder, auch der niedrigste, sucht zu verhindern, daß man ihm zu nahe kommt. ...Der Machthaber, von dessen Existenz die der übrigen abhängt, erfreut sich des größten, des deutlichsten Abstands."[9] Ein solcher freier Raum, der Abstand sichert, ist in der Diktatur z. B. ein eigenes isoliertes Krankenhaus, in dem nur die Machthaber behandelt werden, behütet vor der Berührung und Nähe der Massen, oder ein Dienstwagen, der zum persönlichen Bedarf der Elite immer zur Verfügung steht. Die neuen Machthaber wollen für sich auch weiterhin diese Privilegien beanspruchen, sind also ebenso isoliert von den Massen wie die früheren.

Ein eigenartiges Element der Macht, ebenfalls eine Folge des Systemwechsels, ist die neue Ordnung der Zeit. Auch die Äußerlichkeiten des Lebens müssen verändert werden, es entstehen neue Massensymbole. „Für alle größeren politischen Formationen wird die *Ordnung* wesentlich."[10] Die Ordnung der Zeit ist das vornehmste Attribut aller Herrschaft. „Eine neu entstandene Macht, die sich behaupten will, muß an eine Neuordnung der Zeit gehen."[11] Zu den ersten Tätigkeiten des neugewählten ungarischen Parlaments gehörte die Entscheidung über die Neuordnung der Zeit, d. h. über die neuen Feiertage. Der politische Systemwechsel mußte sich auch in den neuen Nationalfeiern widerspiegeln. Von den drei Nationalfeiertagen – der 15. März, Tag der Revolution von 1848, der 20.August, das Fest des Heiligen Königs Stephan, und der 23. Oktober, der Tag der Revolution von 1956 – wurde einer als staatlicher Feiertag hervorgehoben. Die neue dominante Ideologie der Machthaber wurde in der Tatsache ausgedrückt, daß von diesen drei Feiern eben der 20. August, also der Tag des Heiligen Stephans zum Staatsfest gewählt wurde und nicht einer der beiden Revolutionstage. Diese Tendenz wurde auch in der Wahl der neuen Massen- und Machtsymbole betont: zum neuen Staatswappen, das Ungarn symbolisiert, wurde das alte Wappen mit der heiligen Stephanskrone erkoren. Die andere Wahlmöglichkeit wäre das sogenannte Kossuthwappen gewesen (ebenfalls mit den drei Nationalfarben, aber ohne Krone). Das Kossuthwappen symbolisiert die bürgerliche Revolution von 1848, das heilige Stephanswappen dagegen den tausendjährigen Staat, gegründet von König Stephan. Die Suche nach einer leitenden Idee führte also zur Rückkehr, zum Rückgriff auf alte historische Traditionen.

In der Neuordnung der Zeit, in den neuen Feiertagen und Machtsymbolen wird eindeutig der Konservativismus als die grundlegende Ideologie der neuen Macht ausgedrückt. Dieser Konservativismus wurde seitens der Opposition immer stark kritisiert und als unentwickelter Konservativismus bezeichnet. Dieser Traditionalismus hat nämlich nichts mit dem westlichen bürgerlichen Konservativismus zu tun. Der ungarische Konservativismus greift nicht bis zum Kapitalismus zurück, sondern bis zum ungarischen Feudalkapitalismus. Die Erklärung dafür findet sich im anthropologischen Ausgangspunkt von „Masse und Macht": „Nichts fürchtet der Mensch mehr als die Berührung durch Unbekanntes. ...Überall weicht der Mensch der Berührung durch Fremdes aus."[12] Diese Furcht vor einem Unbekannten oder einem Neuen ist die Furcht der neuen ungarischen Machthaber vor dem modernen Kapitalismus, vor dem hochentwickelten bürgerlichen Staatssystem, denn dies ist für die ungarische Gesellschaft völlig unbekannt, völlig neu und wurde noch nie erprobt. Nachdem die bürgerliche Revolution 1848 gescheitert war und später der Ausgleich von 1867 nur Teilerfolge gebracht hatte, entwickelte sich in Ungarn ein halbfeudalistisch-halbbürgerliches Gesellschaftssystem, in dem das Bürgertum nie eine zentrale Rolle spielte, vielmehr die Tradition des Klein- und Mitteladels (Gentry-Schicht), dessen Nachfolger die heutigen Kleinwirte sind. Das liberale Bürgertum war immer verdächtig, wesensfremd der ungarischen „Volksseele". Dieser feudalkapitalistische Konservativismus, mit Nationalismus und Klerikalismus durchwoben, führte zum Horthy-Regime und zum Pakt mit Hitler-Deutschland. Die darauf folgende vierzigjährige kommunistische Diktatur war den Ungarn wirklich wesensfremd, ihnen von einer fremden Macht aufgezwungen. Diese Diktatur bewirkte wiederum eine negative Tendenz, die der Ausbildung des Bürgertums entgegenstand.

Erst jetzt, nach dem Untergang der Diktatur und nach der Geburt der Demokratie bietet sich die Möglichkeit, ein Bürgertum zustande zu bringen und eine moderne bürgerliche Gesellschaft aufzubauen. Doch jetzt, nach dem Niedergang dieser Diktatur, nach dem Absterben der alten Formen greift die neue Ideologie aus Furcht vor dem neuen modernen Kapitalismus auf den alten Konservativismus zurück, mit all seinen anachronistischen Requisiten. Der Weg in die Zukunft führt über die Vergangenheit, lautet die ironisch-kritische Parole. Die alten konservativen Gedanken sind im öffentlichen Leben wieder anwesend: der Revisionismus (Revision von Trianon-Versailles), das Gespenst von Groß-Ungarn (der Ministerpräsident hält sich für den Präsidenten von 15 Millionen Ungarn, von innerhalb und außerhalb der Staatsgrenzen), die historische Rehabilitation der Politiker der dreißiger und vierziger Jahre, die Neubewertung der Teilnahme Ungarns im 2. Weltkrieg.

Eine Erscheinungsform des Konservativismus auf Wirtschaftsebene ist der sogenannte Reprivatisierungsstreit. Es geht zur Zeit um die bürgerliche Umgestaltung der Wirtschaft, um die Herstellung einer Marktwirtschaft. Die Freien Demokraten bekennen sich zur Privatisierung, zu einer radikalen Umwälzung. Die regierende Koalition, das Demokratische Forum und vor allem die Kleinwirte nehmen dagegen für die Reprivatisierung Stellung, also für die Wiederherstellung und Konservierung einer alten Situation, verbunden noch mit einer diskriminierenden Entschädigung. Die geplante Entschädigung beabsichtigt nämlich nur diejenigen zu entschädigen, die seit 1948 Schaden erlitten haben: die früher Geschädigten, Juden, Zigeuner, Deutsche, politisch Verfolgte, erhalten vorläufig keinen Schadenersatz. Dadurch droht die Gefahr, die wirtschaftliche Situation in einem früheren Stand zu konservieren und den Neubeginn zurückzuwerfen.

Auch solch reaktionäre, konservative Erscheinungen wie die Wiederbelebung von Antisemitismus, Nationalismus und Chauvinismus und die ausschließende, diskriminierende Auffassung der Nation kommen leider wieder zum Vorschein. Einige Tatsachen erinnern peinlich an die Vergangenheit der Zwischenkriegszeit: wenn z. B. eine Kammer der Christlichen Ärzte oder eine Gesellschaft der Christlichen Journalisten neu gegründet wird, eben auf den Gebieten (in den sogenannten freien Berufen), wo die Repräsentanz der Juden traditionell immer stark war. Sie waren im geistigen Bereich „überrepräsentiert", wie die Antisemiten euphemistisch zu sagen pflegen. Die führende Idee ist wieder der Nationalismus, ergänzt durch einen anachronistischen Klerikalismus. „Um die Kraft zu seinen Befehlen, die nichts als Todesurteile sind, in ihrer absoluten Konzentration zu erhalten, sucht er sich eine höchste Instanz, die sie ihm sichert",[13] meint Canetti über den paranoiden Machthaber. Dies charakterisiert auch die neuen Machthaber. Sie suchen ebenfalls eine höchste Instanz, die sie einerseits in der Idee der Nation, andererseits im Christentum finden. Die einheitliche Nation ist das gesamte Volk der Ungarn, auch diejenigen mitinbegriffen, die jenseits der Staatsgrenze leben, und es wird zwar auf der Ebene der Staatspolitik nichts dazu ausgesagt, aber die Revision von Trianon wird immer öfter erwähnt. Im Zusammenhang damit erscheint auch wieder die alte anachronistische Idee der Monarchie. Die andere leitende Idee einer höchsten Instanz ist die Religion, und zwar eine mit dem Nationalismus vereinigte. Es werden die christlichen und nationalen Werte gemeinsam betont: ein echtes Mitglied, ein organischer Teil der Nation kann nur derjenige sein, der gleichzeitig auch ein Christ ist. Nichtchristen werden – vorläufig nur ideologisch – aus der Masse der Nation ausgeschlossen, sie sind Fremde. Da auch der Liberalismus von diesem Nationalismus als fremd empfunden wird, weil er in Ungarn oft von Juden vertreten wurde, wird er als „jüdisch", fremd und nationalfeindlich abgewertet und abgelehnt.

Sehr gefährliche Tendenzen gewinnen immer mehr Raum. Die Populisten meinen, die Basis der Nation sei die patriarchalische, konservative, christliche Gesinnung. Das Fundament des Staates sollte die einheitliche organische Nation sein – mit all ihren christlich-nationalen Werten. Das Bürgertum sei „jüdisch" gesinnt, es vertrete moderne und fremde Werte, es könne nicht Mitglied der Nation sein, seine Gedanken seien verdächtig und fremd. Der freigesinnte Jude, der immer das Bürgertum, den Liberalismus und Kosmopolitismus vertritt, wolle die ungarische Nation assimilieren, ideologisch „vergewaltigen". Der Versuch, in Ungarn eine freigesinnte, liberale Demokratie zu verwirklichen, sei nichts anderes als der Versuch des liberalen ungarischen Judentums, die Ungarn zu „assimilieren". Dazu gebrauche es als Podium oder Kanzel das Parlament, wo es in der Maske der Freien Demokraten auftrete. Diese Idee wird zwar nicht auf Regierungsebene propagiert, aber innerhalb der regierenden Koalition. Der jeweilige Machthaber braucht einen Feind, um seine Macht befestigen zu können. Er will den Feind unbedingt entlarven. „Ein harmloses oder ergebenes Wesen steht vor einem; man reißt ihm die Maske herunter: es steckt ein Feind dahinter. ...Die Verstellung des Feindes wird durch eigene Verstellung bekämpft."[14] Der Machthaber ist darin paranoid: „Der Paranoiker ist der Entwandlung ganz und gar verfallen wie kein anderer Mensch und erweist sich darin als ein *erstarrter Machthaber*."[15] Er fühlt sich gezwungen, immer wieder Feinde zu demaskieren, Sündenböcke zu finden. In einer entwickelten Demokratie führt das parlamentarische System zu keiner Feindbildung, da der blutige Kampf schon abgeschafft ist. In einer unentwickelten Demokratie dagegen gebraucht der Machthaber das Mittel der Feindbildung und entwandelt den parlamentarischen Gegner in einen Feind: er demaskiert ihn und reißt ihm immer wieder die Maske herunter. Im Liberalen, hinter der Maske der freigesinnten Opposition steckt der

Fremde, der Erzfeind der Nation, der Jude. Es kann auch als negativer Befehl aufgefaßt werden, wenn der Machthaber den Oppositionellen, den Liberalen verbietet, ein Teil der Nation zu sein. Sie seien nicht nationalistisch, seien unpatriotisch, volksfremd und letzten Endes feindlich. Die Machthaber haben nämlich eine nicht-liberale, nicht-bürgerliche, konservative Konzeption über ihren eigenen Nationalismus.

Der neue Liberalismus kann als eine Art Verwandlung aufgefaßt werden. Diese Verwandlung der Ideen ist dem heutigen Machthaber fremd und unbehaglich. „Verwandlungen, die er nicht selber den anderen aufzwingt, sind ihm unbehaglich."[16] Und deshalb: „Der Machthaber führt einen unaufhörlichen Kampf gegen spontane und unkontrollierte Verwandlung. Die Entlarvung, das Mittel, dessen er sich bei diesem Kampfe bedient, ist dem Prozesse der Verwandlung genau entgegengesetzt und läßt sich als *Entwandlung* bezeichnen."[17] Der Machthaber entwandelt die Liberalen, sie stehen als Fremde, als Feinde vor ihm: das führt zu einer Reduktion der Welt.

Der Machthaber, der Nichtverwandler, „kann andere verwandeln, indem er sie erhöht oder erniedrigt. ...Er, der Verwandlungslose, verwandelt die anderen nach seiner Willkür."[18] Der Machthaber kann jeden verwandeln, sein Befehl ist allgemein gültig. Nicht nur die Gegner kann er verwandeln, indem er sie erniedrigt, sondern auch seine eigenen Leute, indem er sie erhöht. „Er mag Leute, die ihm nützlich sind, zu höheren Posten befördern. Aber die soziale Verwandlung, die er so bewirkt, muß scharf umgrenzt, unabänderlich und ganz in seiner eigenen Hand sein. Durch Erhöhen und Erniedrigen *setzt er fest*, und niemand darf aus eigenem einen Sprung riskieren."[19] Letzteres Verbot führte vor kurzem zu einem Skandal. Man hatte einen nützlichen Mann auf einen höheren Posten befördert, er wurde Botschafter in den USA (eine soziale Verwandlung). Als aber der Beförderte selbständig zu denken und handeln begann, d. h. „aus eigenem einen Sprung" riskierte und nicht umgrenzt, unabänderlich in der Hand des Machthabers blieb, wurde er wieder nach Willkür der Macht erniedrigt, d. h. zurückgerufen.

Ein weiterer Feind für die neuen Machthaber ist der ehemalige Kommunist, der frühere und besiegte Machthaber. Es ist ein interessantes Phänomen der Sündenbockbildung, daß jetzt für alles, was nicht funktioniert oder falsch gemacht wird, die Kommunisten und die Sozialisten verantwortlich gemacht werden. Gemeint werden natürlich nicht nur die wirklich Verantwortlichen, die früheren Machthaber, sondern die Linksgerichteten überhaupt. Diese Verallgemeinerung, Vereinfachung gehört auch zum Gesicht der neuen Macht. Ein Déjà-vu-Gefühl: Es gab schon einmal ein Zeitalter, da für alles, was schlecht war, die Juden und die Sozialisten verantwortlich gemacht wurden. Am liebsten war es den Machthabern, wenn die Sozialisten auch Juden waren, was nicht selten auch wirklich der Fall war. Die kollektive Brandmarkung betrifft also aufgrund einer unklaren, trüben Ideologie, in der sich politische Elemente und Rassenelemente vermischen, sowohl die Juden als auch die Sozialisten.

Abschließend müssen wir noch eingehen auf die sehr wichtige Frage über die Echtheit dieser Macht. Es wurden bisher Elemente, Aspekte und Funktionen der neuen Macht behandelt, die entscheidende Frage besteht aber darin, ob diese neue Regierung ein wirklicher Machthaber ist oder nicht. Die erwähnten Tatsachen sind zwar teilweise bedrohende Motive, aber im Grunde genommen ist das neue ungarische Staatssystem keine Diktatur, sondern eben im Gegenteil ein Versuch, demokratische Strukturen auszubauen, ein funktionierendes, demokratisch parlamentarisches System aufzubauen. Die Gefahr der Diktatur steckt natürlich auch in diesem Versuch, da die historische Zeit der Diktatur noch gar nicht so weit hinter uns liegt. Der heutige Zustand kann eher als chaotisch bewertet werden, da die Mechanismen der demokratischen Staatsordnung erst in der Entstehung begriffen sind, das Parlament und die Regierung noch nicht richtig funktionieren und die Frage nach dem Inhalt der Macht noch nicht beantwortet wurde. Die heutige Lage erinnert uns an die ironische Darstellung des demokratischen Parlaments bei Canetti: „Ein guter Teil des Ansehens, das Diktaturen anhaftet, liegt darin, daß man ihnen die konzentrierte Kraft des Geheimnisses zubilligt, das sich in Demokratien auf viele verteilt und verdünnt. Mit Hohn hebt man hervor, daß in diesen alles *zerredet* werde. Jeder schwatze daher, jeder mische sich in alles ein, es geschehe nichts, da alles vorher bekannt sei. Es sieht so aus, als beklage man sich über den Mangel an Entschlossenheit, in Wahrheit gilt die Enttäuschung dem Mangel an Geheimnis."[20] So sieht ein Alltag auch im heutigen ungarischen Parlament aus. Es wird alles zerredet, geschwatzt, jeder mischt sich in alles ein, und es geschieht kaum etwas, da alles vorher bekannt war.

Ein gutes Beispiel für die Funktionsstörungen der jungen Demokratie war die Demonstration der Taxifahrer im vergangenen November (die Taxi-Blockade). Den Anlaß dazu gab eine Entscheidung der Regierung. Eine Preiserhöhung für Benzin wurde geheimgehalten, die Masse wurde sogar am Tag davor falsch informiert, so wie es früher, während der Diktatur, oft passiert war. Nicht so sehr die Tatsache der Verteuerung, sondern diese Verfahrensweise empörte die Masse, die zu demonstrieren begann. Es entstand eine Verbotsmasse. „Viele zusammen wollen *nicht* mehr tun, was sie bis dahin als einzelne getan haben."[21] Der unerwartete Befehl der Regierung (Preiserhöhung) löste eine unerwartete, aber logische Reaktion aus: viele wollten nicht mehr tun, was sie bis dahin als einzelne getan hatten. Man wollte einen Befehl der Macht nicht mehr ausführen. „Was sie *nicht* tun, teilt sich der ganzen Gesellschaft mit. Der Streik, der aus ‚Sympathie' um sich greift, verhindert auch andere, die ursprünglich an eine Stillegung nicht dachten, ihrer Beschäftigung nachzugehen."[22] Die Verkehrswege wurden versperrt, andere Leute wurden gehindert, ihrer Beschäftigung nachzugehen. Die Blockade machte das Leben beinahe im ganzen Land unmöglich, die normale, alltägliche Arbeit wurde stillgelegt. „Der Sinn des Streikes ist der, daß niemand etwas tun soll, solange die Arbeiter nichts tun; und je mehr von dieser Absicht ihnen gelingt, um so größere Aussicht haben sie darauf, den Streik zu gewinnen."[23]

Die totale Blockade führte aber zu einem unerwarteten Ergebnis. Die Blockade selbst wurde allmählich zu einem Befehl, der nun von den Streikenden erteilt wurde. Es wurde nämlich durch die Blockade die Stillegung der Arbeit im ganzen Land befohlen. Zwei Befehle standen einander gegenüber, und beide Gegner fühlten eine Befehlsangst. Beide Befehle hinterließen Stacheln, man mußte den Befehl entweder weitergeben oder massenhaft umkehren und sich gegen die Befehlsgeber wenden. Nach langen gespannten Verhandlungen wurden endlich beide Befehle (die Preiserhöhung und die Blockade) widerrufen, und die Demokratie konnte so gerettet werden.

Diese glücklich ausgegangene Krise zeigt auch die Hinfälligkeit und Schwäche der neuen Demokratie. Die Regierung mußte erleben, daß sie nicht der ausschließliche Vertreter der Volksherrschaft, der Besitzer der Volksmacht ist, eine große Masse wandte sich nämlich gegen sie. Die Demonstrierenden mußten ebenfalls bemerken, daß sie nicht die einzigen Vertreter der Masse waren, da die öffentliche Meinung ziemlich polarisiert war und nicht eindeutig hinter ihnen stand. In dieser Krise kam es zu einem Zusammenstoß von Gruppeninteressen, mit denen die neue Macht noch umzugehen lernen muß. Die neue Regierung wollte – wie die frühere kommunistische Macht – mit Geheimnissen und nicht demokratisch regieren. Es stellte sich bei diesem Vorfall zum ersten Mal heraus, daß die neue Machtstruktur der jungen Demokratie noch gar keine echte Volksmacht vertritt, da sie keine Massenbasis hat. Es herrscht eine allgemeine Machtlosigkeit, die existierenden Parteien, auch die Parteien der regierenden Koalition sind nicht groß genug, die ganze Volksherrschaft zu vertreten, den Willen der ganzen Volksmasse zur Geltung zu bringen. Die Teilnahme an den ersten freien Wahlen blieb unter 50%, auch die größte Partei, das Ungarische Demokratische Forum, verfügt nur über 20% der Sympathie des ganzen Volkes. Die Mehrheit der Masse benimmt sich passiv, die Menschen sind resigniert, enttäuscht, sie erwarten sich kaum mehr etwas von der Politik, sie weichen den Befehlen aus. Sie warten noch auf die echte Demokratie. Die Keime dazu sind im heutigen System schon gegeben, aber es führt noch ein langer Weg bis zur Verwirklichung der wahren Demokratie. Die besten Kräfte der heutigen Politik kämpfen für die Emanzipation der Gesellschaft, in der die Masse unabhängig vom jeweiligen Machtsystem existieren kann, in der die Macht unter den gleichberechtigten Massen des Volkes proportionell verteilt ist. Solange aber die Machthaber auch dann noch auf ihrer Macht beharren, wenn die Massen es schon nicht mehr wollen, solange bleiben die Befehle und die hinterlassenen Befehlsstacheln gültig: „Wer der Macht beikommen will, der muß den Befehl ohne Scheu ins Auge fassen und die Mittel finden, ihn seines Stachels zu berauben."[24]

Anmerkungen

[1] Elias Canetti: „Masse und Macht", Frankfurt am Main 1980, S. 342
[2] Ebd., S. 344
[3] Ebd., S. 19
[4] Ebd., S. 208
[5] Ebd., S. 208
[6] Ebd., S. 208
[7] Ebd., S. 331
[8] Ebd., S. 228
[9] Ebd., S. 228
[10] Ebd., S. 445
[11] Ebd., S. 445
[12] Ebd., S. 9
[13] Ebd., S. 487
[14] Ebd., S. 317
[15] Ebd., S. 424
[16] Ebd., S. 423
[17] Ebd., S. 423 f.
[18] Ebd., S. 429
[19] Ebd., S. 423

[20] Ebd., S. 330
[21] Ebd., S. 57
[22] Ebd., S. 59
[23] Ebd., S. 59
[24] Ebd., S. 529

Die Macht des Wissens und die Gewalt des Glaubens

Am Rande von Canettis „Masse und Macht“

Petr Horák

In seinem Werk „Das Geheimherz der Uhr. Aufzeichnungen 1973 – 1985“ bemerkt Canetti: “Man mag dir also vorwerfen, daß du an ‚Masse und Macht‘ glaubst, daß die Erkenntnisse darin – trotz der Leichtfertigkeit, mit der sie beiseite geschoben wurden – ihre Gültigkeit bewahrt haben. In dieser Überzeugung hast du deine Lebensgeschichte geschrieben, ihre Form und zu einem guten Teil ihr Inhalt sind davon bestimmt.“[1]

Dies ist zweifellos ein Geständnis des Autors aus Liebe zu seinem Werk, aber mehr noch ist es ein mutiges Bekenntnis, das im wesentlichen sagt: So habe ich gedacht, und so habe ich gelebt, mein Denken und mein Leben sind ein und dasselbe. Wir fühlen ruhige Sicherheit aus diesen Worten, keineswegs Trotz eines unverstandenen Privatgelehrten oder Äußerung der Schulfuchserei eines ex cathedra offiziellen Philosophen oder Anthropologen.

Canetti ist ein selbständiger Denker, und zwar im doppelten Sinne des Wortes: im Sinne der Kraft des berechtigten Zweifels gegenüber menschlicher Autorität sowie im Sinne der Unabhängigkeit von der am üblichsten anwesenden metaphysischen Autorität, die wir zumeist als Gott bezeichnen. Die Macht des Wissens beunruhigt Canetti nicht, und die Gewalt des Glaubens lehnt er ruhig ab. Bleiben wir eine Weile bei dieser Behauptung stehen. Canetti schreibt: „An Schopenhauer besticht die Abwendung von Gott, entschieden und unabänderlich. Ein machtfreies Denken, unter Voraussetzung von Gott, ist unmöglich.“[2]

Wie soll man das verstehen? Ich will nicht darüber nachdenken, ob Canetti ein Gläubiger ist oder nicht, für mich handelt es sich nur um die beachtenswerte Formulierung des Gedankens, daß die Voraussetzung Gottes unabhängiges Denken ausschließt. Die bloße Voraussetzung des Glaubens an ihn macht das Denken abhängig von etwas, was sich selbst mit seiner Substanz der Kontrolle des Denkens entzieht. Der Glaube an Gott ist der Glaube an Autorität; die Erkenntnis ihrer Natur entzieht sich jedoch den Möglichkeiten unseres Denkens. Die Autorität des Glaubens ersetzt dann eventuelle Zweifel. Ein Umstand, den ich mit jener Gewalt des Glaubens im Titel meines Beitrages ausgedrückt habe.

Erlauben Sie mir, hier eine kleine Bemerkung zu machen. Canetti antwortet mit seiner Behauptung, daß der Glaube an Gott das menschliche Denken fesselt, in seiner Weise Pascal, seinen Zweifeln und seiner Lösung dieser Zweifel: dort wo Pascal vor dem metaphysischen Rätsel resigniert und die Wahrheit der Erkenntnis in die Wahrheiten des Herzens – oder des Glaubens – und in die Wahrheiten der Vernunft teilt, wobei man die ersten Wahrheiten durch die zweiten nicht erkennen kann, dort macht Canetti jedem beliebigen Kompromiß zwischen Glauben und Erkenntnis, zwischen Autorität und Freiheit des

Denkens ein Ende. Das Denken ist entweder unabhängig von Gott oder seiner Autorität unterworfen. Der Pascalsche Kompromiß ist nicht möglich; er stellt nur einen scheinbaren Ausweg aus der Not dar, er ist nur eine Verhüllung des wirklichen Standes der Dinge, was jedoch keineswegs bedeutet, daß er – nicht nur für Pascal selbst – eine großartige Äußerung des menschlichen Verzweifelns bleibt.

Kehren wir jedoch zur Gewalt des Glaubens zurück. Canetti sieht sie natürlich nicht nur in der Ausschließlichkeit, mit der das Denken sich Gott unterwirft. Ich nehme an, daß in seiner harten Verurteilung der Unterwerfung des Denkens seine Erkenntnis und Verwunderung darüber ausgedrückt sind (Erkenntnis und Verwunderung haben, wie bekannt, viel gemein: sie sind untrennbar), wie unmerkbar die Macht des Wissens in die Gewalt des Glaubens übergeht, und zwar nicht nur durch ihre Unterwerfung unter die Autorität Gottes, sondern unter jede beliebige institutionalisierte Autorität. Gott ist zweifellos eine institutionalisierte Autorität, wenn auch metaphysischer Herkunft, er ist jedoch nur eine der vielen Autoritäten, an die das Denken gern glaubt und denen es unterliegt. Canetti vermerkt im Jahre 1964: „Es ist, als wäre jeder Glaube sein eigener Fluch. Müßte man davon ausgehen, um das Rätsel des Glaubens zu lösen?“[3]

Wo soll man jedoch die ursprüngliche Ursache dafür suchen, daß Wissen in Glauben und Glaube in Unterwerfung unter Autorität umschlägt, daß die Macht des Wissens zur Gewalt des Glaubens wird? Bleiben wir noch eine Weile bei Canettis Aufzeichnungen: „Ein Philosoph wäre jemand, dem Menschen so wichtig bleiben wie Gedanken.“[4]

Wenn Canetti die besondere Reinheit des Experiments, jenen Zauber jedes Anfangs, der noch mit keinen Kompromissen beschmutzt ist, erwähnt, dann macht er es eben darum, um die Aufmerksamkeit auf die besondere Selbstschwere des Wissens zu lenken, das nicht nur die Fähigkeit hat, sich aus sich selbst zu organisieren, sondern auch in denjenigen, die seine Urheber sind, einen besonderen Selbstgefallen zu erwecken.

Ich verweise auf den Selbstgefallen derjenigen, die sich an der Masse des Wissens beteiligen und – manchmal – seine Autorität verkörpern. Aus ihren Reihen rekrutieren sich häufig diejenigen, die „alles wissen und an alles glauben“, wie Canetti es ausdrückt. Ihr Vorbild ist Aristoteles: „Beklemmendes Gefühl der Fremdheit beim Lesen des *Aristoteles*. … Die Abhängigkeit der Wissenschaft von den Ordnungen des Aristoteles, bis auf unsere Tage, wird einem zum Alpdruck, wenn man den ‚veralteten‘ Teil seiner Meinungen kennenlernt, die jene anderen, heute noch gültigen, tragen. … Die besondere Art seines Ehrgeizes hat die Anlage unserer Universitäten bestimmt; dem einen Aristoteles entspricht eine ganze moderne Universität. … Es genügt, daß etwas gefunden wird, damit es da hinein kommt, und es hat sich in seiner Schachtel tot und still zu verhalten. … Heute noch gibt es Menschen, die sich einem Gegenstand nicht nähern können, ohne seine Abteilungen daran zu applizieren; und manch einer denkt, daß in den Schachteln und Schubladen des Aristoteles die Dinge ein klareres Aussehen haben, da sie in Wirklichkeit darin nur toter sind.“[5]

Wo sollen wir jedoch die Quelle unseres Wissensdrangs suchen, der zweifellos das Grundelement der Tatsache ist, daß das Wissen (mit der begleitenden Macht, Autorität und Gewalt) jene Masse bildet, deren Kristallisationsprozeß Canetti so gründlich in seinem Werk „Masse und Macht“ beschrieben hat?

Hier schweigt Canetti. Die Frage nach dem „warum“ bleibt in der Regel unbeantwortbar oder nicht befriedigend beantwortet. Die Frage nach dem „wie" wird dagegen mittels der Beschreibung beantwortet – Canettis große Schrift ist ein Meisterbeispiel der Beschreibung, „wie" man die Masse bildet, wie sich Macht äußert. Die Anthropologie gibt uns selten eine befriedigende Antwort auf unser „warum", leichter beantwortet sie unsere Frage nach dem „wie".

Auch Canetti zeigt uns, wie Macht kristallisiert, aber er erklärt nicht, warum sie es tut. In der Literatur, auf die er sich stützt, überwiegen die Beschreibungen der Macht, nicht die Erklärungen des Ursprungs unserer Sehnsucht nach ihr. Vielleicht ist es gut so, denn – wie schon erwähnt – die Frage nach dem „warum" kann nur schwer befriedigend beantwortet werden. Canetti reflektiert in seinem großen Werk weder Cassirers „Philosophie der symbolischen Formen" noch „Anthropologie structurale" von Lévi-Strauß; schade ist auch, daß er dessen Werk „Mythologiques" nicht mehr berücksichtigen konnte. Beide Autoren würden ihn sicher in seinem Eindruck bestärkt haben, daß sich der Mensch weder praktisch noch theoretisch aus freiem Willen der Außenwelt bemächtigt. Cassirers symbolische Formen und Lévi-Strauß' Strukturen (Verwandtschaften, Mythen) weisen trotz allen Unterschieden auf eines hin: nämlich auf die Tatsache, daß die Sehnsucht des Menschen, sich rationell der Welt und des Mitmenschen zu bemächtigen, nicht willkürlich ist. Foucaults Analysen der Macht der emanzipativen Vernunft in der Gestalt des Gefängnisses oder der Klinik bezeugen, wie die Macht des Wissens in die Ausübung von Gewalt übergeht.

Das Ergebnis dieser Sehnsucht besteht in der Hypertrophie der Masse der menschlichen Kultur – einschließlich der Produkte der Zivilisation, einschließlich der Summe unseres Wissens und unserer Kunst –, deren wir uns in immer steigendem Maße als unserer zweiten Natur bewußt werden, und von der wir uns keineswegs mehr so befreien können wie von der ersten, der biologischen Natur.

Wir können diese Sehnsucht nicht bewältigen, und wir können nicht zurückkehren. Wir können den Weg der Kultur nicht verlassen – im Sinne der Weiterentwicklung der Zivilisation, obwohl wir heute mehr denn je gewillt sind, die Wörter Zivilisation und Kultur in Anführungszeichen zu setzen –, einer Kultur eben, die uns heutzutage ihre Gesetze offensichtlich ebenso kompromißlos diktiert, wie die Natur ihre Gesetze unserem biologischen Sein diktiert. Wir können uns jedoch selbst vernichten und so mit einem Schlag alles zum Abschluß bringen: die notwendigen technischen Mittel haben wir zur Verfügung; oder wir enden dadurch, daß jene zweite, kulturelle Natur durch ihre unbändige Entwicklung die Grundlagen jener ersten, elementaren Natur, auf denen alles beruht, vernichtet. Beides wird jedoch nur dann möglich sein, wenn die Gewalt des Glaubens die bloße Macht des Wissens definitiv und unwiderruflich überwiegt. Jemandem kann das Wort „bloß" in Verbindung mit der Macht des Wissens als eine gewagt optimistische Illusion vorkommen. Ich entsetze mich rückblickend ebenso über Bacons Verbindung der Wissenschaft mit der Macht, obwohl ich mir immer ihrer Anziehungskraft bewußt bin. Trotzdem nehme ich jedoch an, daß die „Macht des Wissens" – selbst wenn sie durch jene unübersehbare Masse der Kultur ins Unendliche vervielfacht wäre – bei weitem keine solche Gefahr darstellt wie die Gewalt des Glaubens. In der Sehnsucht der Menschen nach der Erkenntnis kann ich immer noch jene ursprüngliche Intention jedes einzelnen sehen, zu etwas und zu jemand anderem vorzustoßen. In dem Moment, wo sich diese Sehnsucht der Gewalt des Glaubens unterwirft, verliert sie freilich jenen Charakter des reinen Experiments, wie Canetti schreibt, und sie wandelt sich zu einer gefährlichen, weil unduldsamen und bigotten Anbetung der bloßen Autorität.

Die Entscheidung, sich der Gewalt des Glaubens zu unterwerfen – wobei ich eine solche Unterwerfung im Sinn habe, die aktiv ist, die sich als aktive Anbetung äußert –, bedeutet die Erniedrigung der Vernunft. Wir wissen, daß manche Ideologien der Vergangenheit und Gegenwart großen Nachdruck auf diese Unterwerfung der Vernunft unter ihre Autorität legten und legen, wenn dieser Unterwerfungsakt auch verschiedentlich gehandhabt wird. Oft offenbaren sie, daß sie diesen Akt wie einen Akt der Begnadigung, einen Akt der Gnade sehen, mit dem sie dem tappenden und irrenden Menschen Erleichterung und „Erlösung" gewähren. Darin gibt es viel Wahrhaftes: der Sehnsucht nach dem Wissen ist nämlich qualvolle Unsicherheit eigen. Das Selbstbewußtsein des Wissens steigt nämlich nicht im Verhältnis zur Kenntnis, sondern anhand der Macht, die es ausübt. Die Sehnsucht nach der Sicherheit um jeden Preis stellt ebenso wie die reine Sehnsucht nach der Macht einen der direktesten Wege dar, auf dem sich die Macht des Wissens in die Gewalt des Glaubens umwandelt.

Schließlich nehme ich an, daß Canetti vielleicht mit der Ansicht einverstanden wäre, daß diese „Gewalt des Glaubens" nur einen der Prozesse darstellt, durch die die Macht in jene Formen kristallisiert, die ihr eigen sind, und die Canetti in seinem Werk untersucht. Viel Aufmerksamkeit widmet Canetti der Untersuchung einer der markantesten und wichtigsten Formen, die die Macht auf sich nimmt, nämlich der Maske. Die Macht legt den Menschen Masken an und verwandelt sie dadurch in eine Masse. Der „Sinn der Maske … ist ein Endzustand", schreibt Canetti, und er fügt hinzu: „Das fluide Treiben unklarer, halb ausgegorener Verwandlungen, deren wunderbarer Ausdruck jedes natürliche, menschliche Antlitz ist, mündet in die Maske; es endet in ihr. Sobald sie einmal da ist, zeigt sich nichts, was *beginnt*, nichts, was noch formlos unbewußter Ansatz ist. Die Maske ist *klar*, sie drückt etwas ganz Bestimmtes aus, nicht mehr, nicht weniger. Die Maske ist *starr*: dieses Bestimmte ändert sich nicht."[6]

Jedes Anlegen der Maske verursacht den Verlust der Individualität und wandelt den einzelnen zu einem bloßen Bestandteil der Masse. Der Glaube ohne Mitleid, ohne Liebe legt dem einzelnen ebenfalls eine Maske an. Besonders der Glaube an totalitäres Denken, der – wie es der französische Philosoph Alain Finkielkraut in seinem Buch „La sagesse de l'amour" beschreibt – sich durch seine Fähigkeit äußert, die abstraktesten Propositionen zu lokalisieren und reduzieren und so zu bestimmen, was wahrhaft, wirklich, wertvoll ist und was nicht. Totalitäres Denken – jedwedes totalitäre Denken – verträgt sich nicht mit dem lebhaften Mienenspiel des menschlichen Gesichts. Alain Finkielkraut zeigt in seinem Hinweis auf die erwähnte Passage in Canettis Werk, daß das lebhafte Mienenspiel des Gesichts, diese Demaskierung – das Abreißen der Maske, die uns das totalitäre Denken anlegt –, dem Verraten des wirklichen Gesichtes gleichkommt.

Was folgt für uns daraus? Vielleicht soviel, daß, wenn sich der Glaube nicht in die bloße Idolatrie, in Dummheit, in jene „bêtise" verwandeln soll, die alles Lebendige und so die unverwechselbar verschiedensten Gesichter in eine starre und einheitliche Maske der Masse zwängt, wir die Vorstellung loswerden müssen, Besitzer der Wahrheit zu sein. Mit Bezug auf einen anderen französischen Denker, Emmanuel Lévinas, auf den sich übrigens der schon erwähnte Alain Finkielkraut oft stützt, möchte ich einfach sagen, daß wir die Wahrheit – was immer für eine Form sie haben mag – nie besitzen können; wir können nur versuchen, die Wahrheit zu offenbaren. Nur so wird sich vielleicht das Wissen gegen die Versuchung wehren, sich in die Gewalt des bloßen Glaubens zu verwandeln.

Wie sollen diese nicht allzu tiefen Bemerkungen am Rande von Canettis „Masse und Macht" beendet werden? Ich habe nur mit einigen Bemerkungen zu zeigen versucht, wozu mich Canetti provoziert hat. Ursprünglich wollte ich schon an dieser Stelle meine Ausführungen beenden, doch es fiel mir noch eine Frage ein – welcher Richtung könnte oder dürfte man eigentlich Canettis Anthropologie zuordnen? Sie ist vielfältig, und doch habe ich in meiner Ausführung die Vielfältigkeit, die Mehrsprachigkeit dieser Anthropologie auf eine Sprache, auf ein Modell zu reduzieren versucht. Auf ein Modell oder auf das Muster der Beziehung: Glaube und Vernunft. So könnte zweierlei falscher Eindruck entstehen: erstens, daß ich in Canetti nur einen engstirnigen Aufklärungsrationalisten sehe und zweitens, daß ich seinen so reichen Diskurs der Vereinfachung wegen schlichtweg reduziere. Das war und ist aber keinesfalls meine Absicht. Ich wollte nur das hervorheben, was mir als eine wichtige Richtlinie in Canettis Denken erschien.

Eine Frage allerdings drängt sich in diesem Zusammenhang unbedingt auf: bleibt Canettis Anthropologie der Moderne verschrieben, oder ist sie eher als postmodern anzusehen? Wir müßten natürlich vor der Beantwortung dieser Frage zuerst definieren, was wir eigentlich unter der Moderne und Postmoderne verstehen. Nur ganz kurz – und mich auf die bekannten Thesen von Jean-Francois Lyotard[7] stützend – möchte ich die postmoderne Geisteshaltung als „nicht mehr vereinigungs- oder konkordanzversessen" bezeichnen, als Ausdruck eines Widerstandes gegen „die großen Rahmenerzählungen", die neuzeitliches Wissen bis in unsere Gegenwart zusammengehalten hatten – Beherrschung der Natur, Emanzipation der Menschheit, Hermeneutik des Sinns im Historismus, Teleologie des Geistes im Idealismus usw. Canettis Anthropologie warnt vor einem simplifizierenden Glauben an einfache Lösungen, vor einem Kredo an die Eleganz der komplizierten, aber im Grunde genommen doch nur eindimensionalen technologisch-technokratischen Konstruktionen, sie ist modern und postmodern zugleich. Sie ist modern in ihrem „vernünftigen Glauben" an die Vernunft, sie ist postmodern in dem Sinne, daß sie weiß und uns zeigt – die Geschichte der Menschheit überzeugt uns davon –, daß es kein einziges, universal gültiges und geltendes Modell des Denkens gibt. Die Literaturhistoriker wie auch die anderen Fachleute, die Philosophen und Historiker, sie alle haben uns gelehrt, daß rein chronologisch gesehen sich die Moderne und die Postmoderne nicht notwendigerweise ausschließen, beide können nebeneinander existieren. Dieser chronologische Aspekt ist übrigens nicht besonders wichtig. Wichtig ist die Mehrsprachigkeit von Canettis Anthropologie, die jeden Totalitätsanspruch ausschließt und die uns damit überzeugt, wie aktuell – ob modern oder postmodern – für uns Canettis denkerische Leistung bleibt.

Anmerkungen

1 Elias Canetti: „Das Geheimherz der Uhr. Aufzeichnungen 1973–1985", München 1987, S. 197

2 Ebd., S. 198

3 Elias Canetti: „Die Provinz des Menschen. Aufzeichnungen 1942–1972", Frankfurt am Main 1976, S. 232

[4] Ebd., S. 258
[5] Ebd., S. 38 f.
[6] Elias Canetti: „Masse und Macht", Frankfurt am Main 1980, S. 420
[7] Siehe J. F. Lyotard: „La condition postmoderne", 1979, dtsch.: „Das postmoderne Wissen", und von Wolfgang Welsch: „Die Postmoderne in Kunst und Philosophie und ihr Verhältnis zum technologischen Zeitalter", München 1988

Die Macht der Massen und das Gewissen der Individuen

Daniel Cohn-Bendit

Als man mich vor ein paar Tagen im Büro daran erinnerte, daß ich nach Wien kommen sollte, um bei einem Canetti-Symposion über *Die Macht der Massen und das Gewissen der Individuen* zu reden, habe ich mich kurz gefragt, welche Biene mich gestochen hat, daß ich das hier angenommen habe, und es war mir auch gar nicht klar, bei der Anzahl der Verpflichtungen, die ich habe, warum ich unbedingt nach Wien mußte, um bei einem Canetti-Symposion über ein so wichtiges Thema zu reden. Dann ist mir eingefallen, daß ich einfach auf das Reizwort „Canetti – Massen – Individuen" hin die Gelegenheit benutzen wollte, mich zu zwingen, über mein Verhältnis zu Massen, aber vor allem über meine Geschichte nachzudenken, und da ich im Moment eine Zwischenstellung habe, Politiker bin – viele behaupten sogar, ich hätte Macht, obwohl ich sie nie haben wollte –, habe ich mir gedacht, es wäre ganz gut, so eine Gelegenheit beim Schopfe zu fassen, um meine Gedanken zu ordnen.

Die einen träumen von den Massen, die anderen fürchten sie. Die einen ekeln sich vor dem Proletariat, die anderen orten durch ihn oder mit ihm den kollektiven Messias. Die einen baden im Volk, die anderen flüchten vor ihm. Die einen teilen die Welt in antagonistische Klassen, die anderen konstatieren deren gesellschaftliche Implosion. Die einen regieren dank der Mehrheit, die anderen opponieren dank der Minderheit. Beide ähneln sich, aber sie tun beide so, als ob sie unendlich weit voneinander entfernt wären.

Die Massen, das Proletariat, das Volk, die Klassen, die Mehrheiten, die Minderheiten, die Machthaber, die Diktatoren, alles Objekte vieler Begierden, Wunschgebilde, Projektionsflächen für mehr oder weniger geistreiche Wissenschaftler oder Politiker. Sie sind aber auf alle Fälle Orte kollektiver Identitäten, die meistens darin bestehen, das eigene Ich hinter einem kollektiven Anspruch zu verstecken. Und das wurde mir in meiner politischen Laufbahn in den letzten 25 Jahren oft klar, zuletzt vor ein paar Wochen wieder einmal, nämlich daß ich jahrzehntelang davon geträumt habe, identisch zu sein in einem kollektiven Emanzipationsprozeß, also identisch zu sein mit einem glücklichen Kollektiv, einer Masse, die in der Lage ist, die Beschränktheit des Individuums aufzuheben – und immer dann, wenn dies voranschritt, merkte ich, wie ich immer zurückgeworfen wurde auf meine Sehnsucht nach ureigener Individualität, das heißt nach der Sehnsucht, nur Individuum zu sein.

Zuletzt war dies der Fall während des Golfkrieges. Die Parteien waren klar, alle wußten genau, warum der andere unrecht hat, und ich gebe es ehrlich zu, ich war permanent hin und her gerissen. Also, war ich in einer Ansammlung friedensgebadeter Menschen, die immer wußten, was richtig und falsch ist, warum die anderen immer falsch lagen, dann konnte ich bruchlos und mit einer gewissen Intelligenz die Legitimität des Krieges vertreten. Habe ich mich in einer Ansammlung von Menschen gefunden, die ganz klar wußten, daß dieser Krieg auf alle Fälle zu führen sei, so konnte ich mit einer gewissen Intelligenz beweisen, warum es völlig absurd wäre, diesen Krieg zu führen, und daß er überhaupt keine Probleme lösen wird. Aber mir war klar, diese kollektiven Ausbrüche – zu glauben, man sei im Recht und alles sei ganz einfach zu erklären –, die konnte ich in diesem Krieg überhaupt nicht aushalten. Und so fand ich, obwohl ich mitdemonstriert habe gegen den Krieg, die meisten Reden zu diesem Krieg bei den Friedensdemonstrationen absurd.

Und die absurdeste Form dieser Absurdität fand ich dann nach dem Krieg bei der letzten Demonstration für die Kurden. Da waren, was toll war, Tausende von Menschen für die Kurden. Und wer war der Hauptfeind? Die Amerikaner! Ich habe mir gedacht, ich hätte bei dieser Demonstration einen anderen Feind gesehen, aber vielleicht verstehe ich nichts von Geschichte. Und dann war noch ein Transparent, ganz groß, von kurdischen Kämpfern, ein großes Transparent: „Solidarität mit dem Befreiungskrieg des palästinensischen Volkes". Da habe ich dreimal nachgedacht. Wenn es eine Demonstration gab, wo man nicht unbedingt über die Palästinenser reden sollte – es gibt viele Demonstrationen, wo es notwendig ist, über die Palästinenser zu reden –, ist es gerade die kurdische Demonstration, denn der Schutzherr vieler Palästinenser, Saddam Hussein, war gerade der, der im Begriff war, an den Kurden einen Völkermord zu begehen, und die Palästinenser aufgrund ihrer ganzen Position konnten oder wollten dazu überhaupt nicht Stellung nehmen. Deswegen wäre es eigentlich leichter gewesen, zentral Saddam Hussein anzugreifen und andere Dinge und die Amerikaner und die Palästinenser, also diese Ordnung der Welt in Gut und Böse, ein bißchen zu verlassen, aber es war anscheinend nicht möglich.

Ich erzähle dies, weil ich glaube, daß es die große Schwierigkeit des politischen Individuums ist, daß man dann als Individuum handelt, nämlich daß man versucht, in jeglicher Situation mal einen Schritt neben sich selbst zu stehen – wenn man nicht unbedingt treu zu einer Position sein will, zu einer Linie, wenn man die Komplexität der gesellschaftlichen Prozesse so versteht, daß man sagt, man macht ja fast Untreue zum Prinzip. Ob das gelingt oder nicht, das ist eine andere Frage. Aber dies ist es, was ich versuchen will, aus meiner Geschichte, aus meinen Gedanken zu formulieren. Eine Position, die sich auseinandersetzt mit den Massen, mit dem Individuum, und die versucht, nicht zu einfach und plakativ zu sein. Ich glaube nicht, daß die Moderne nur das Ziel verfolgt, alle Menschen zu überwachen.

Die Massen sind Orte kollektiver Identität, die meistens dazu bestehen, das eigene Ich hinter einem kollektiven Anspruch zu verstecken oder die individuelle Angst in eine kollektive Paranoia zu verwandeln. Jetzt können Sie sagen, siehe da, der Cohn-Bendit, der, wie man so schön sagt, Studentenführer von einst, der Beschwörer der antiautoritären kollektiven Emanzipation entpuppt sich als arrivierter Zyniker. Die Revolutionäre von gestern sind also doch die Kinder ihrer Klassen. Die sechziger Jahre sind endlich untergegangen, die siebziger Jahre stören uns nur noch wenig, die achtziger Jahre verfallen in atemberaubender Geschwindigkeit, die neunziger Jahre beweisen uns nur, wie unendlich rapide die Geschichte beschleunigen und kippen kann, das Jahr 2000 läßt zum Glück noch auf sich warten. Nein, ich möchte nicht zynisch sein und nicht als Zyniker hier reden, ich möchte nur im Stakkato sprechen und mit einigen „Grundwahrheiten" aufräumen.

Die Massen haben weder recht noch unrecht. Die Mehrheit entscheidet in der Demokratie nach Maßgabe der politischen Institution, und die Macht besteht darin, meistens, daß sie die Welt in Gewinner und Verlierer unterteilt. Und das Spannende an dieser Sicht ist (ich nenne sie manchmal eine polizeiliche Sicht der Geschichte), daß, wer Herrscher oder Bandit ist, meistens davon abhängt, ob man gewonnen oder verloren hat. Also ein Fidel Castro, der mit acht oder neun oder zehn oder fünfzehn Personen auf dem Schiff irgendwann mal in Kuba strandet, dann eine Guerilla führt, ist deshalb eine historische Person, weil er gewonnen hat. Unzählige kleine Revolutionäre, die vielleicht nicht mit Schiffen, sondern mit Trambahnen, ich weiß nicht wo, gestrandet sind, haben auch versucht, eine Guerilla zu machen, sind aber als Geschlagene in die Geschichte eingegangen. Dies sind Banditen, das sind Terroristen. Das heißt, der Sieg definiert immer, wer groß oder klein ist. Vielleicht aber sind die Strukturen des Siegers und des Verlierers gar nicht unterschiedlich, vielleicht ist diese Art der Definition in der Geschichtsschreibung in sich falsch.

Deswegen sage ich, und jetzt rede ich als Linker – und Linke von heute werden sagen: als ehemaliger Linker –, daß wir eine mehr oder weniger intelligent formulierte Ausgangsideologie oder Ausgangstheorie hatten.

Die intelligente Form oder nicht intelligente Form unserer Theorie war: es gibt die Notwendigkeit einer Organisation – für die einen die Partei, für die anderen Gruppen, Kollektive. Es gibt die Massen, die irgendwann die Revolution machen, und dann entsteht die neue Gesellschaft. Ihr werdet mir sagen: „Na gut, ein bißchen komplizierter war es." Okay, Ihr denkt euch jetzt die komplizierten Satzstücke dazwischen; ich behaupte, ungefähr so war es in unseren Köpfen. Ob nun die Partei dann Staatsapparat wurde, ob die Partei nur eine politische Organisation war, ob die Partei nur eine Avantgarde war, eine militärische oder terroristische oder politische Avantgarde, all diese Ansätze hatten etwas Gemeinsames. Sie beweisen oder sie haben bewiesen in der Geschichte, daß jeder Anspruch der Versuch ist, den ontologischen oder den kartesianischen Mittelpunkt der Geschichte zu besetzen (die Interessen der Klasse als befreiender Messias, des Volkes als Souverän), das Zentrum und den Gipfel des sozialhistorischen Prozesses zu besetzen. Jeder dieser Ansprüche führt entweder zu grotesken mörderischen Taten oder zu grotesken Volkstribunalen oder zu den uns historisch bekannten Massakern. Die groteske Mimik einer selbsternannten revolutionären Avantgarde oder das groteske Ende eines Fidel Castro – der immer noch, gegen die ganze Welt jetzt, den Sozialismus vertritt und im Fernsehen in Uniform immer noch vier Stunden lang seinem Volk erzählt, warum der Sozialismus in Kuba noch kommen wird – unterscheiden sich überhaupt nicht, und deswegen können Groteske an die Macht kommen, aber sie bleiben Ersatzstücke des gleichen Totalitarismus wie die Groteske einer Roten Armee Fraktion, eines Sendero Luminoso oder irgendeiner anderen revolutionären Organisation.

Wer im Namen der Massen, für die Massen, durch die Massen die Macht ergreifen will, hat wenigstens eines verstanden, nämlich wie Totalitarismus funktionieren kann. Und jetzt möchte ich über den Totalitarismus reden, und zwar über den politischen Totalitarismus, auch wenn ich Linke jetzt verletzen werde. Ich bin, sagen wir, ein lehrreicher kleiner Bub, der Hannah Arendt gelesen hat und ihr in dieser Frage folgt. Ich unterscheide in der Grundstruktur des Totalitarismus zwischen Faschismus, Nationalsozialismus und Kommunismus nicht. Das heißt nicht, daß die historische Beurteilung, die Pyramiden von Leichen vergleichbar wären, daß der Vernichtungswillen des Nationalsozialismus nicht unterschieden werden muß von der Vernichtungsfähigkeit des Stalinismus, das will ich gar nicht leugnen. Aber grundsätzlich haben totalitäre Gesellschaften das Gemeinsame, daß es keine politischen Freiheiten gibt und keine gesellschaftliche Freiheit, das heißt, daß sich das Normative sowohl im gesellschaftlichen als auch im politischen Bereich durchsetzt.

Jetzt komme ich zu unserer Gesellschaft, die wir die demokratische Konsumgesellschaft nennen. Hier ist die Macht eine Macht mit den Massen, dank der Massen, durch die Massen und wegen der Massen. Diese demokratische Konsumgesellschaft hat die Fähigkeit, auf vielen Gebieten mit den Massen zu spielen. Es gibt aber in diesen Gesellschaften wesentliche politische Freiheiten, Bedingungen gesellschaftlicher Veränderung. Nur um hier wiederum mit Hannah Arendt alles ein bißchen zu verkürzen (das hat sie über Amerika einmal sinngemäß gesagt): diese Gesellschaften sind politisch frei, aber gesellschaftlich totalitär. Gesellschaftlich drücken sie auf einen bestimmten Konformismus, auf eine Eindimensionalität, und das kann trotz der politischen Freiheit bis zum gesellschaftlichen Totalitarismus führen, in dem es in unserer modernen Gesellschaft schwierig sein kann, Individuum zu sein, eine bestimmte eigene Art des Lebens und der Lebensäußerung zu haben; darauf komme ich noch zurück.

Dann gibt es etwas, in den letzten Zeiten aufgetaucht, das ich ökologische Gesellschaft nennen würde. Was ist das? Es ist die Bändigung der Massen im Namen der Natur, was diese auch immer sei. Ich glaube natürlich, daß es auch einen ökologischen Totalitarismus gibt, im Namen der Natur, im Namen also von etwas, das absolut gesetzt wird, um bestimmte Verhaltensweisen den Menschen aufoktroyieren zu können. Bleibt noch etwas übrig, das nicht existiert, wahrscheinlich auch nie existieren wird: die libertäre demokratische Gesellschaftsideologie. Das ist für mich die Freiheit trotz der Massen.

Ich möchte zu einigen Punkten einige Beispiele anfügen. Wenn man in der Bundesrepublik heute über den Nationalsozialismus nachdenkt oder spricht, ist das eine hervorragende Gelegenheit, um das Phänomen der Massen und der Individuen einmal beobachten zu können. Was war der Nationalsozialismus? Der Nationalsozialismus war ein barbarischer Stamm, der von irgendwoher kam, irgendwo die Deutschen überrannte, überfallen hat, eine Zeitlang diese in Schach gehalten hat; aber dank eines anderen Stammes, der irgendwie aus Nordamerika kam, wurde dieser Stamm der Barbaren wieder zurückgedrängt, und dann waren die Deutschen einfach von dieser Stammesdiktatur befreit. Und so konnte sich das deutsche Ich wieder normal verhalten.

Jetzt diskutiere ich manchmal in den neuen Bundesländern. Wiederum bin ich überrascht, denn die hatten ja einen neuen Stamm, den hatte ich ja auch vergessen. Das war der stalinistische Einheitsstamm. Der kam von irgendwo nach 45, getrieben durch die Russen, hat sich in dieser Region festgesetzt, alle waren in der inneren Emigration – und nun sind alle wieder da, wo sie eigentlich sein sollten. Niemand hat etwas mit diesem Stamm zu tun gehabt. Die Deutschen lieben fremde Stämme, das habe ich daraus gelernt. Wahrscheinlich ist es in Österreich nicht anders, wenn ich an den Anschluß denke, aber die österreichische Ätiologie überlasse ich euch, ich habe mit der deutschen im Moment genug zu schaffen.

Das zweite, was Totalitarismus in verschiedenster Form macht, ist die Zerstörung gesellschaftlicher Bindungen. Das heißt: die Menschen leben, haben Bindungen, positive Affekte, positive Gefühle zu Menschen, und diese werden aufgrund einer Ideologie total zerstört. Das beste Beispiel ist für mich immer diese unverständliche Rede von Goebbels: „Ja, ja, das Problem der Deutschen ist, daß sie alle einen netten Juden kennen." Da müßte es ja sechzig Millionen nette Juden in Deutschland gegeben haben! Da hat Goebbels etwas gesehen, was wahr ist: die Nähe; gesellschaftliche Kontakte ermöglichen Zuneigung, und eine totalitäre Gesellschaft, die die Welt in Böse und Gute aufteilt – wo die Feinde ausgerottet und ausgeschaltet werden müssen –, muß jegliche gesellschaftliche Verbindung zerschlagen, um überhaupt den Machthabern die Möglichkeit zu geben, totalitär handeln zu können. Daß diese gesellschaftlichen Bindungen total zerschlagen sind und daß Massen von kaputten Individuen zurückbleiben, das kann man heute in der Sowjetunion, in Rumänien überall sehen. Mit welcher Gewaltfähigkeit diese Gesellschaften auseinanderbrechen! Da ist ein ungeheuerliches gesellschaftliches Gewaltpotential im Nationalitätenkonflikt, im aufkommenden Antisemitismus und Rassismus; alles Dinge, die in der westlichen Gesellschaft auch existieren, aber längst nicht mit dieser völlig rohen Gewaltfähigkeit.

Letztes Beispiel: die neuen Bundesländer. Hier hat sich doch einfach etwas paradigmatisch Phantastisches entwickelt. Eine kleine Minderheit von Menschen, die exemplarisch als Individuen gelebt und gehandelt haben, die nein gesagt haben, kamen in einem historischen Prozeß dazu, diesem Nein ein solches Echo zu verleihen, daß in der DDR zwei große Bewegungen entstanden. Die eine war die Abstimmung mit den Füßen: Wir gehen! Die andere war die Abstimmung mit den Füßen: Wir demonstrieren! Und es entstand dieser Spruch: „Wir sind das Volk!" (Robespierre hat den Franzosen gesagt: „Ihr seid das Volk!") Die DDR-Bürgerinnen und -Bürger in Leipzig und anderswo sagten: „Wir sind das Volk!" Eine positive Massenidentität, könnte man glauben. Was entstand aus diesem historischen Mißverständnis? Das historische Mißverständnis dieser kleinen Gruppe der Neinsager, die die Massen mobilisiert haben, war, zu glauben, es gäbe eine vollkommene Identität zwischen ihnen – dem Bürgerforum, wie auch immer es sich definiert – und dem Volk der DDR. Das wäre alles das Volk, und das Volk will die Demokratie, die Einheit. Dieses Mißverständnis zeigte sich nach dem Fall der Mauer. Ein Teil des Volkes sagte: „Wir sind das Volk! Wir konnten vierzig Jahre lang nichts sagen, nichts entscheiden, politisch nicht partizipieren, nicht sagen, was wir für richtig und für falsch, für gut und böse halten, nun sagen wir es." Und sie sagen es ungeschliffen, ohne ein schlechtes Gewissen: „Wir wollen keine Ausländer mehr! Juden interessieren uns nicht! Die Polen sollen in Polen bleiben, wir haben sie eh immer gehaßt." Daß rechtsradikale Kräfte so offen dort auftreten können, kommt nicht daher, daß die Polizei schwach ist, das mag auch sein, sondern weil sie wissen, welche Resonanz sie in dieser Gesellschaft haben. Und das Volk sagt: „Verdammt noch mal, es ist doch unser gutes Recht, als Volk zu sagen, als deutsches Volk, wer hierher soll und wer hierher nicht soll. Das ist doch Demokratie. Vierzig Jahre hat man uns gesagt, das sind die Brudergesellschaften, die muß man alle lieben, von Bulgarien bis ich weiß nicht wo, die lieben wir alle nicht, und die wollen wir auch nicht."

Also auch da ist das Problem, das in totalitären Gesellschaften vorherrscht, eben das Problem der gesellschaftlichen Bindungen, das Zerbrechen, das Nicht-Aufkommenlassen dieser gesellschaftlichen Bindungen. Denn – ich spreche wiederum die Linken an – wieviele Bücher sind von uns über die Transformation des Kapitalismus zum Sozialismus gelesen, geschrieben und erdacht worden? Wieviele Bücher gibt es zur Transformation des Totalitarismus zur Demokratie, des totalitären Staates zum kapitalistisch-demokratischen

Markt? Kaum eines, denn für einen Linken war dieser Weg der Geschichte immer undenkbar.

Es ist für mich ganz wichtig festzuhalten, daß sich die Differenz zwischen einer demokratischen und einer totalitären Gesellschaft vor allem im Bestand politischer Freiheiten zeigt, diese nämlich als Bedingung sozialer und gesellschaftlicher Emanzipation. Aber auch, daß in beiden Gesellschaften die Massen vielleicht Angst vor der Freiheit haben und daß wir die totalitären Züge unserer Gesellschaft auch in totalitären Gesellschaften wiederfinden. Denn was ist unsere Gesellschaft? Da ist einerseits die Freiheit, auf der anderen Seite der Totalitarismus des Konsenses im Alltag. Da ist auf der einen Seite der Mittelstand und seine Norm, auf der anderen Seite sind es alle, die nicht dazugehören. Eine Gesellschaft, die auf der einen Seite hat und auf der anderen Seite nicht teilen will und kann, kurz gesagt, unsere freie demokratische Gesellschaft ist gleichzeitig eine herzlose Gesellschaft. Und ich muß manchmal ehrlich schmunzeln, wenn ich meinen Bundeskanzler Helmut Kohl im Fernsehen sehe, der immer an die Solidaritätsfähigkeit unserer Gesellschaft appelliert. Er kommt mir vor wie ein Linksradikaler, der auch immer an die Solidarität appelliert.

Ich kann mich an eine Geschichte erinnern, die auch das Problem von Politikern zeigt, die von jener gesellschaftlichen Realität eingeholt werden, die sie selbst produziert haben. Es gab eine Zeit der Mauer durch Berlin, es gab eine böse Regierung, die ostdeutsche, und eine gute, die westdeutsche. Die böse Regierung wollte immer die westdeutsche ärgern, bzw. wollte von der guten Regierung immer Geld haben. Um Geld zu haben, haben sie die ein bißchen geärgert, dann mußte man ein bißchen verhandeln, dann hat man Geld bekommen. Die Situation war also so, daß die Bösen die Mauer aufgemacht haben, nicht für DDRler, sondern für Asylsuchende, Türken, Kurden, Leute aus Sri Lanka. Es gab ein Schlupfloch in der Mauer. Der gute Bundeskanzler, der ja für die Öffnung der Mauer war, aber nicht für diese Art der Öffnung, ging zu seinem alten Freund Egon Bahr, SPD, und sagte: „Du hast doch gute Kontakte da drüben, kannst du nicht verhandeln, daß sie die Mauer wieder zumachen?" Egon Bahr sagte: „Ja, ich kann verhandeln, aber das kostet Geld." „Macht nichts, das haben wir. Aber die Menschen, die hierherkommen, brauchen wir nicht. Laß die Mauer zumachen." Egon Bahr ging rüber, die Mauer wurde zugemacht. Der Bundeskanzler sagte dann im Fernsehen: „Meine Damen und Herren, das Boot ist voll, wir können diese hunderttausend Menschen nicht aufnehmen, die Bundesrepublik ist am Rande dessen, was sie aufnehmen kann." Diese Argumentation hat eine Plausibilität. Die Wohnungskrise in allen Städten war groß, die Menschen wollten das nicht, der Bundeskanzler war mit der Geschichte eins und ging mit den Herzen der Massen, der überwiegenden Mehrheit. Nun, die Welt ändert sich schnell, die Bösen müssen weg, verschwinden, die Bösen werden weggefegt, die Mauer ist ganz weg. Und da kommen Millionen von Menschen, Tausende von Menschen. Ich werde euch mit der deutschen Verfassung nicht langweilen, aber ihr müßt wissen, jeder Mensch, der beweisen kann, daß er eine urdeutsche Großmutter hat, hat das Anrecht, in der Bundesrepublik zu leben.

Wer auch immer, wie auch immer, außer einer kleinen Gruppe, nämlich die Juden. Russische Juden deutscher Abstammung können nicht in den Genuß der Vertriebenengesetze kommen, weil in ihrem Paß steht: „Nationalität Jude". (Und das hat Stalin damals nicht aus Bösartigkeit gemacht – es gibt auch manche Dinge, die er wirklich nicht aus Bösartigkeit gemacht hat.) Er hat eine Zeitlang eine bestimmte jüdische Identität anerkannt.

Dann kommt ein deutscher Beamter, unterstützt von einer Interpretation des Außenministeriums der Bundesrepublik, und sagt: wer die Nationalität „Jude" hat, kann nicht Deutscher sein, oder er müßte beweisen, daß er Deutscher ist. Das kann er aber nicht, denn die Mehrheit der deutschen nichtjüdischen Mitglieder des russischen Reichs waren antisemitisch, das heißt, sie konnten sich nicht mit den Juden vermischen, oder die Juden wollten sich nicht mit ihnen vermischen. Das Ergebnis dieser gesellschaftlichen Entwicklung ist: Ein Ukrainer deutscher Abstammung muß beweisen, daß er Deutscher ist – also was macht er? Er sagt, er war bei der SS, da sagt Deutschland: „Ja, das ist ein Beweis." Und er wird Deutscher. Ein Ukrainer jüdisch-deutscher Abstammung sagt: „Ich war Deutscher." „Beweis es!" „Ich war nicht bei der SS!" Das ist ein Beweis, daß er kein Deutscher war, und er kriegt die deutsche Staatsbürgerschaft nicht! Das ist die bittere Wahrheit deutscher Bürokratie in den letzten Jahren.

Dann gibt es aber eine Menge Juden in der Sowjetunion, die wirklich nicht deutscher Abstammung sind, die aber nicht nach Israel wollen. Jeder weiß, daß vor der Machtergreifung Hitlers ungefähr fünfhunderttausend Juden in Deutschland gelebt haben. Es leben im Moment dreißigtausend Juden in Deutschland. Es gibt ja viele Menschen, die sich nicht mehr wiedervereinigen können – nämlich alle umgebrachten Juden. Deswegen hat Deutschland die moralische Pflicht, Juden aufzunehmen. Herr Scharping sagte drei Wochen vor seiner Wahl: „Das geht nicht. Unsere Kühlschränke sind leer." Wir können doch nicht Menschen einladen, die es wie die Juden aus der Sowjetunion bitter notwendig haben, denn wir können sie nicht richtig aufnehmen, wir haben keine Wohnungen, unsere Kühlschränke sind leer, also müssen wir zwei Sachen machen: Ihnen Geld geben, daß sie in der Sowjetunion bleiben, daß sich ihre Verhältnisse verbessern, oder sie sollen nach Israel gehen. Und wenn man sagt: „Aber die wollen gar nicht nach Israel!", so heißt es: „Doch, sie müssen, sie sind Juden." – „Ja, sie sind Juden, aber keine Israelis!" Nein, das macht nichts, wie Scharping sagt, Juden müssen einfach nach Israel, auch wenn sie nicht wollen! Was sage ich dagegen? Ich sage, daß wir doch wirklich in einer entsolidarisierten Gesellschaft leben und daß dieser Entsolidarisierungsprozeß natürlich auch die Bedingung des Funktionierens unserer freiheitlich-demokratischen Grundordnung ist.

Dasselbe gilt für die Aufnahme; ihr habt ja einige Probleme, habe ich gehört, in Österreich; durch Asylsuchende, durch Menschen aus dem Osten, die hier arbeiten wollen usw., und ich habe gehört, die Mehrheit dieser Gesellschaft ist „begeistert" davon, daß all diese Menschen hierherkommen wollen.

Gut, aber ich wollte über die ökologische Gesellschaft reden. Die ökologische Gesellschaft hat genauso ein totalitäres Prinzip, aber umgekehrt, und das ist der verordnete Verzicht. Was im Moment passiert bei den Befürwortern der ökologischen Gesellschaft, ist, daß die potentielle Apokalypse als Zwangsregulator einfach funktioniert, das heißt, die Massen werden gebändigt durch die Zwangsapokalypse der Natur, und deswegen ist die Freiheit nicht das zentrale Problem der ökologischen Gesellschaft, sondern das Überleben der Menschheit. Und das hat natürlich ganz entsetzliche Konsequenzen, denn eine so verstandene ökologische Gesellschaft kann nur eine rein totalitär-faschistoide, kommunistisch gesunde Gesellschaft sein. Die Menschheit, die Art, kann gerettet werden auf verschiedenste Weisen, und die nackten, fröhlichen Körper deutscher Nationalsozialisten zeugen von dem gesunden Volksempfinden, das man da entwickelt hat.

Die libertär-demokratische Gesellschaft ist für mich, ich sage es, utopisch. Ich glaube nicht mehr an Utopien, sie setzen einen neuen Gesellschaftsvertrag voraus. Dieser neue Gesellschaftsvertrag müßte aber, meiner Meinung nach, die Paradigmen und die Grundannahmen linker politischer Machthaber oder Möchtegern-Machthaber total durcheinanderbringen. Die Linke, die Emanzipationsbewegung, ging auf zwei Prothesen durch die Geschichte: Auf der einen Seite Verteidigung der Massen und des Proletariats, auf der anderen der Glaube an den Staat als Motor des Fortschritts. Die Massen sind oft gelähmt und unfähig zur Emanzipation, das haben wir gesehen. Sie sind fähig zur Veränderung, zur radikalen Veränderung, aber zur Emanzipation, das ist ein zweiter Schritt, und an den Staat glaubt eh keiner mehr. Man sagt ja: immer weniger Staat, und nicht: mehr Staat. In dieser Situation dreht sich natürlich Marx im Grab um, Hegel kuschelt sich langsam an ihn heran, denn beide verlieren ihre Lieblingsidee: der Staat ist nämlich out.

Die Linke – sei es die sozialistische, die kommunistische, die sozialdemokratische oder die nationalen Befreiungsbewegungen – lebte von einer negativen Intuition. Die Ärmsten, die Unterdrückten, die Unterschichten, verdammt zur Armut, zum Schweigen, zur Ignoranz, wollten, aber konnten sich nicht befreien. Sie wollten eine neue Welt, sie können aber keine denken und schaffen. Deswegen brauchen sie eine wissenschaftliche, eine politische Intelligenzija. Sie brauchen Revolutionäre, die die Geschichte so interpretieren, daß diese Geschichte in die richtige Richtung geht. Die Ausgebeuteten können nicht eine neue Welt erfinden, den neuen Menschen zu ihrer Entfaltung verhelfen, im Gegenteil, sie brauchen dazu einen neuen Staat, und sie geben diesem Staat die Macht, die Bedingungen zu schaffen, damit Freiheit, Gleichheit und Brüderlichkeit auf dieser Erde sich endlich durchsetzen.

Die Macht der abstrakten Massen besteht darin, daß sie die Identität der Individuen zurückdrängt. Selbstbewußte Individuen nehmen sich die Macht, sich vor den Massen zu schützen, sprengen diese Massen. Unendliche Subkulturen entstehen, die zivile Gesellschaft kann sich entwickeln. Die zivile Gesellschaft ist der Widerspruch zur Massengesellschaft; sie ist keine Gesellschaft, die vor lauter Normen und Konsens eine Einheit entstehen läßt, sondern die Gesellschaft, wo gerade als Bedingung des Überlebens die Auseinandersetzung steht; das heißt: ihr zentrales Merkmal ist die gesellschaftliche Konfrontation, die Unterscheidung von Subkulturen und das Durchsetzen der Differenz. Sie ist multikulturell in dem Sinne, daß es keine eindimensionale kulturelle Entwicklung gibt – unter Kultur verstehe ich nicht die traditionellen Kulturen, sondern alle Lebensentwürfe: ob man in der Familie wohnen will, in Wohngemeinschaft mit Männern, mit Frauen, mit Hunden, mit Katzen; die unterschiedlichsten Bedürfnisse ziehen die unterschiedlichsten Lebensformen nach sich, und das gleiche gilt auf den unterschiedlichsten Ebenen der Lebensäußerung.

Wenn ich dieses Panoptikum beschrieben habe, so merke ich immer, daß eins fehlt: nämlich, wie ist eigentlich mein Verhältnis zu den Massen? Denn ich kann ja nicht behaupten, daß ich kein Verhältnis zu den Massen habe, im Gegenteil. Ich glaube, daß ich deswegen so allergisch gegen Projektionen in Massen bin, weil ich selbst natürlich das Bedürfnis der Identifikation mit einer Mehrheit, weil ich selbst das Bedürfnis der Identifikation mit einer größeren Gruppe habe. Oder anders gesagt: ich glaube, daß die Menschen, die Massen nur in einer demokratischen, zivilen Art und Weise leben können, wenn sie einen Begriff haben von etwas, was wir als Linke permanent den Rechten zugeordnet haben, nämlich das Bedürfnis nach Heimat. Ich glaube, daß es keine Menschen gibt, die kein Bedürfnis nach Heimat haben. Es kann eine politische sein, es kann eine geopolitische sein. Aber zu glauben, man könnte als Individuum heimatlos leben, ist meiner Meinung nach ein Ding der Unmöglichkeit, und ich weiß ganz genau, daß viele Intellektuelle – Sartre war so ein Denker – immer für das Gute der Massen gedacht haben, das ist die idealtypische Funktion des linken Intellektuellen. Ich glaube, daß dieser Intellektuelle dem Gestus nach der Aufklärung verhaftet ist, dem Wesen nach aber ein Romantiker ist; er erträumt sich eine gesellschaftliche Funktion, nur um seine Gesellschaft geht es. Das ist legitim, das will ich ja gar nicht leugnen, das Problem in seinem Verhältnis zu den Massen ist nur, daß die Massen in unterschiedlichen Schichten unterschiedlich von individuellen Funktionen träumen.

Es gibt Situationen, in denen Massen aufgrund gesellschaftlicher Verhältnisse von einem Diktator träumen, und es gibt Situationen, wo sie eher einen zersetzenden Denker, einen Solschenizyn wollen. Der aber entpuppt sich als autoritärer Grundzug in einer neuen historischen Situation, das heißt, die Situationen des Verhältnisses von Massen zu Individuen ändern sich mit gesellschaftlichen Entwicklungen. Das Phantastische dabei ist doch, daß sowohl die Rechte wie die Linke, die an Modernität und Fortschritt gemeinsam geglaubt haben, diese zwei Seiten der Medaillen der Modernität mit anderen Funktionen sind. Die Rechte verhindert, daß die Gesellschaft eindimensional, staatlich orientiert im Konsens des Denkens verwaltet wird. Sie hat einen Zug, wo sie sagt: wir müssen verhindern, daß gesellschaftliche Projekte nur als kollektive Projekte gedacht werden; sie denkt an den Eigensinn, an die Macht des Individuums, an die Kraft des Individuums, daß es sich durchsetzt, daß es Macht gewinnt, daß es ein zersetzendes Moment gegenüber klassischen, sozialen, kommunistischen, libertären Vorstellungen kollektiver Emanzipation ist.

Die Linke aber muß eine ganz andere traditionelle Position einnehmen: nämlich nicht immer nur den kollektiven, staatlichen Lösungen vertrauen, sondern sie muß die Individuen schützen gegen Entwicklungen, die Apparate nach sich ziehen, die Unternehmen nach sich ziehen, die Gesellschaftsformationen anziehen, die Weltordnungen nach sich ziehen; das heißt, ins Zentrum linker Politik muß natürlich die Frage des Individuums, die Frage der Menschenrechte, der Rechte der Menschen hereinkommen, und das war in der geschichtlichen Entwicklung nicht der Fall. Und mein Problem ist jetzt, daß Massen und Individuen ein permanentes Verführungsverhältnis eingehen – Verführung in dem Sinn, daß Massen starke Individuen dazu verführen wollen, die Verantwortung für sie zu übernehmen, und Individuen Massen dazu verführen wollen, sie anzuerkennen als die richtige Person zur richtigen Zeit. Ob diese Verführung eine intellektuelle ist, eine politische, eine soziale, das ist immer etwas anderes, aber wesentlich ist eben diese Verführung.

Zum Schluß möchte ich zwei Begebenheiten erzählen, die ich mein Leben lang nicht vergessen werde. Als ich 1968 ausgewiesen wurde, war ich in Deutschland todunglücklich, denn ich wollte – es war Ende Mai – nach Frankreich zurück. Ich habe mir also die Haare schwarz gefärbt, eine Sonnenbrille aufgesetzt, bin über die Grenze und kam in die vollbesetzte Uni. Da war gerade eine Diskussion, ich weiß nicht mehr, worum es ging, da waren 6000 Leute im Hörsaal, und da ging ich von hinten rein, und die haben mich alle nicht erkannt. Aber dann habe ich meinen Paß gezeigt, und da haben sie gesagt, aha, du bist es doch, und dann hat der Diskussionsleiter gesagt, ein spanischer Genosse möchte eine Grußbotschaft an euch weitergeben.

Na ja, wir waren ja internationalistisch. Der spanische Genosse hatte schwarze Haare und eine Sonnenbrille; da habe ich meine Brille runtergenommen, und dann ist der Saal erst mal ruhig geworden, und dann sind 6000 Leute aufgestanden, haben wie eine Frau und ein Mann sich gefreut, innerhalb von einer Stunde wurde im Radio gemeldet, ich sei wieder in Paris, innerhalb von einer halben Stunde waren 20.000 Leute in und um die Sorbonne. Es war natürlich eine ungeheuerliche Selbstbestätigung, die Verführung war total. Dieser kleine Jude hatte sich durchgesetzt, alle haben sich damit identifiziert, und zwei Tage später haben 50-, 60- oder 100.000 Leute, Araber, Schwarze, Weiße, Polen, alle geschrien: „Wir sind alle deutsche Juden!“ Hier natürlich war ich eins mit diesen Massen, und das hat meine Geschichte total geprägt.

Im Jahre 72 war ich in Israel. Ich war eingeladen zu einer großen Friedenskonferenz, und ich wollte an der israelischen Universität über das Recht der Palästinenser auf ihren eigenen Staat reden. Ich fing an zu reden, daß die Geschichte einfach nicht aufhören könne, daß ich schon einsehe, daß die Israelis einen eigenen Staat haben, daß aber diese Regierung keinen Frieden finden wird, solange die Palästinenser keinen eigenen Staat haben. Ich hatte diesen Satz gesagt, da standen 5000 Leute auf und buhten mich aus. Darauf kam ein Mensch, ein Politiker, ein Rechter, und sagt, diese Juden wie ich sind die, die sich selbst hassen. Diese Juden sind die, die uns alle nach Auschwitz schicken wollen, ein zweites Mal. Ich habe geglaubt, die lynchen mich. Da kam dann ein Mensch, humpelnd, und die schreienden 5000 Leute wurden sofort ruhig. Ich fragte meinen Nachbarn: „Wer ist das?“ Er sagte: „Das ist der Leutnant, der im ersten Krieg im Jahr 67 mit den Panzern den Durchbruch am Sinai geschafft und damit den Kriegserfolg der Israelis gesichert hat, das ist ein nationaler Held.“ Der ging ans Mikrofon und sagte: „Ich habe den ersten Krieg mitgemacht, weil man mir gesagt hat, das wird der letzte sein, ich habe noch einen Krieg mitgemacht, wo man mir gesagt hat, das wird der letzte sein. Vielleicht hat Cohn-Bendit recht. So geht das nicht.“ 5000 Leute haben nichts gesagt, denn einen Helden kann man in Israel nicht niederschreien. Ich war völlig hilflos gegenüber diesen Massen, ich habe sie gehaßt, ich habe das Individuum bewundert, das sich da so verhalten hat.

Und aus solchen Begebenheiten entstand bei mir eine Hypostasierung des Individuums: ich glaube, daß es in dieser Heimat, von der ich sprach, nur dann eine utopische, libertäre, demokratische Gesellschaft geben kann, wenn sich alle Menschen, die sich auch manchmal massenhaft artikulieren und als Masse darstellen, erstmals als Individuen verstehen, als Individuen, die individuell beurteilen und handeln. Ich weiß, das ist eine Utopie, aber es lohnt sich, für diese Utopie zu kämpfen.

Vermassung und Vernetzung

Vilém Flusser

Die sogenannte Informationsrevolution sollte eigentlich „Informations*in*volution" heißen. Es geht nämlich im Grunde genommen um ein Umstülpen des Informationsflusses, im Verlauf dessen der öffentliche Raum – die Masse, die Republik, die Macht, die Politik – funktionslos wird und die privaten Räume ineinander verschwimmen. Alle übrigen, zweifellos tiefgreifenden Aspekte dieser Umschaltung – etwa das Umcodieren von Texten zu Bildern, oder das fortschreitende Ersetzen der materiellen Informationsträger durch das elektromagnetische Feld – sollten eigentlich aus der Perspektive dieser Ausschaltung des öffentlichen Raums begriffen werden. Der vorliegende Beitrag zum Canetti-Symposion wird versuchen, dies in den Griff zu bekommen.

Die eigenartige Fähigkeit des Menschen, erworbene Informationen weiterzugeben, ist überraschenderweise erst kürzlich disziplinierten Untersuchungen unterworfen worden. Sie war nämlich durch ideologische Nebel – durch Reifikationen wie „Geist" oder „Seele" – so stark verdeckt, daß sie unzugänglich wurde. Sobald jedoch einerseits erkannt wurde, daß der 2. Hauptsatz der Wärmelehre – der Satz von der Entropie – den Algorithmus für Information als sein Spiegelbild hat, und andererseits, daß die Unterscheidung zwischen ererbten und erworbenen Informationen willkürlich ist, war der Weg in Richtung der Informationswissenschaft und damit der Informationstechnik offen. Das läßt sich anders sagen: sobald erkannt wurde, daß die exakten Naturwissenschaften für Kulturphänomene kompetent sind, konnten die sogenannten Geisteswissenschaften (humanities) entideologisiert und daher technisch angewandt werden.

Es begann sich etwa das folgende Bild der Kulturgeschichte abzuzeichnen: Wenn „Kultur" als jener Prozeß definiert wird, im Verlauf dessen erworbene Informationen zwecks künftiger Abrufung gespeichert werden, dann lassen sich darin drei Phasen unterscheiden. In der ersten (der prähistorischen) werden Informationen vorwiegend in Luftschwingungen (orale Kultur) und in harten Gegenständen wie Stein, Knochen oder Holz (materielle Kultur) gelagert. In der zweiten (der strikt geschichtlichen) gibt es einen Code – das Alphabet –, dank dem die Luftschwingungen (Phoneme) in harten Gegenständen (Papier) visualisiert werden, wodurch sich orale und materielle Kultur zu historischer synthetisieren. In der eben einsetzenden dritten Phase (der post-historischen) wird die Lagerung von Informationen mittels Apparaten im elektromagnetischen Feld erfolgen. Hier ist leider kein Raum, die vier Kulturtypen – oral, materiell, schriftlich und immateriell – zu würdigen und miteinander zu vergleichen. Es muß genügen, die Kommunikationsstruktur der Schriftkultur kurz zu skizzieren.

In der Mitte steht ein allgemein zugängliches Gedächtnis, worin die bisher erworbenen Informationen nach spezifischen Kriterien gelagert werden. Man kann dies eine Bibliothek nennen, auch wenn die Informationen nicht alle alphabetisch verschlüsselt sein mögen. Außer acht kann gelassen werden, daß die weitaus meisten Informationen bei dieser Lagerungsmethode verfallen und in Vergessenheit geraten. Wird nun eine Information erworben, dann wird sie seitens des Erwerbenden prozessiert, bibliotheksmäßig verschlüsselt und in die Bibliothek geliefert. Das kann „publizieren" genannt werden. Die Absicht beim Publizieren ist, die Menge der in der Bibliothek gelagerten Informationen zu erhöhen. Es stellt sich heraus, daß die weitaus meisten der erworbenen Informationen der Bibliothek entnommen wurden und in diesem Sinn nicht neu sind. Daß es um Rezyklieren von bereits gelagerten Informationen geht, um ein Reprozessieren. Die Dynamik der historischen Kultur geht also etwa so vor sich: Man erwirbt Informationen aus der Bibliothek, bereichert sie um einige anderwärts erworbene – um sogenannte private Erlebnisse –, prozessiert dies, um es schließlich an die Bibliothek weiterzugeben. Dieser außerordentlich ineffiziente Vorgang wird ideologisch verbrämt und dringt daher kaum oder überhaupt nicht ins Bewußtsein.

Dafür ein banales Beispiel: In der Bibliothek, im allgemein zugänglichen Gedächtnis (im öffentlichen Raum) ist die erworbene Information „Topf" gelagert. Die Information betrifft das Aufbewahren von Flüssigkeiten. Sie kann abgerufen werden – man kann das Töpfemachen lernen und geht zu diesem Zweck in eine Schule. Beim Anwenden der Information, beim Töpfemachen, wird diese Information durch Geräusche bereichert – man erfindet dabei eine neue Topfform. Diese derart prozessierte Information wird ausgestellt, in die Bibliothek geliefert. Dadurch ist die Menge der verfügbaren Informationen vergrößert und die Kultur weitergekommen. Das ist jedoch für die Beteiligten nicht erkenntlich, weil ideologische Elemente die Sachlage verdecken. Die gelagerte Information „Topf" etwa wird zu einer ewigen, unveränderlichen Form, zu einer Idee, die sich hinter den Erscheinungen verbirgt und entdeckt werden muß, und dadurch wird die Bibliothek zu einem himmlischen Ort (topos uranikos), dessen Betrachtung, die Theorie, zur Weisheit führt, zum Erblicken des Guten und Schönen. Oder das Prozessieren der abgerufenen Information bei Einbeziehung von Geräuschen wird zu einem schöpferisch inspirierten Akt, im Verlauf dessen ein Künstler in Einsamkeit in Berührung mit dem Unsäglichen tritt. Oder das Publizieren der prozessierten Information wird zu einem politischen Engagement, wobei der Engagierte bereit ist, sein Leben einem Ideal oder dem allgemeinen Wohl – der Bibliothek – zu opfern. Diese zahlreichen, einander oft widersprechenden ideologischen Verbrämungen des Informationsprozesses nennt man das Geschichtsbewußtsein. Hegel zeigt, daß es dabei um ein Pendeln zwischen Bibliothek und Privatraum geht, um ein Hin und Her zwischen Welt und Ich, wobei beide Pole in Frage gestellt werden. Daher spricht Hegel von einem unglücklichen Bewußtsein.

Nicht etwa, daß im Verlauf der strikt historischen Phase der Kulturgeschichte das Geschichtsbewußtsein allgemein gewesen wäre. Informationen wurden immer auch dank vorangegangener Methoden – oral und materiell – prozessiert, und die daraus quellenden Bewußtseinsformen – die mythische und magische – haben die Geschichtsphase ständig sotto voce begleitet. Da aber weder die mythische noch die magische Informationsspeicherung einen öffentlichen Raum kennt – da dort die Informationen in nicht öffentlich zugänglichen Lagern gestapelt werden –, sind die mythisch und magisch prozessierten Informationen erst nach einer Umcodierung ins Geschichtsbewußtsein eingegangen. Daher erscheint diese Phase eminent politisch, und *Geschichte sensu stricto* ist eine öffentliche, politische Geschichte. Es geht ums Publizieren, ums Veröffentlichen von Privatem. In diesem Sinn ist alle kulturelle Tätigkeit, alles Prozessieren von Informationen – und vor allem auch Wissenschaft und Kunst – in dieser Phase politisch.

Das Bewußtwerden des informatorischen Prozesses, das dank dem Konvergieren verschiedener Disziplinen – wie Thermodynamik, Neurophysiologie und Molekularbiologie – und verschiedener Methoden – wie dem Propositionskalkül, der Wahrscheinlichkeitsrechnung und der Spiel- und Entscheidungstheorie – erfolgt, führt zu einer Technisierung des bis dahin empirischen Erzeugens, Stapelns und Verteilens von Informationen. Um dies dramatischer zu sagen: alle kulturelle Tätigkeit wird fortschreitend technisierbar, und zwar sowohl ihre schöpferische wie ihre kritische und pädagogische Phase, und das, was bisher *Geschichte* hieß, also der Prozeß des kulturellen Geschehens, wird von außen her lenkbar. Dieses auf formalen Theorien beruhende Technisieren und Automatisieren der Kultur heißt bekanntlich *Posthistorie*, und die sogenannte Kommunikationsrevolution ist, wie das Umschalten aus Geschichte in Nachgeschichte von den Betroffenen erlebt wird. Denn die Bewußtwerdung und Technisierung des Geschichtsprozesses ist einer kleinen Elite vorbehalten, und die weitaus größte Zahl der Gesellschaft erfährt davon nur mittelbar, nämlich als schrittweises Verschwinden des öffentlichen Raumes.

Hier ist leider weder Raum noch Zeit, dieses langsame Verdrängen der Politik durch Apparatprogrammierung auf den verschiedenen, einander überlagernden Gebieten wie der Ökonomie, der Gesellschaftsstruktur, der wissenschaftlichen und künstlerischen Tätigkeit oder der sogenannten Freizeitgestaltung auch nur ins Auge zu fassen. Das uns gesetzte Thema „Der Stachel des Befehls“ verlangt jedoch, den sich zur Unkennbarkeit verändernden Machtbegriff daraus hervorzuheben. Während der Geschichtsperiode meinte *Macht* ungefähr die Fähigkeit eines Menschen oder einer Gruppe von Menschen, Entscheidungen – besonders andere Menschen betreffend – in die Tat umzusetzen. Abgesehen davon, daß dieser Machtbegriff durch Ideologie verzerrt war, wurde die dabei grundlegende Frage, nämlich wie Entscheidungen getroffen werden, nur selten in Angriff genommen. Wir wissen nun ziemlich genau, wie Entscheidungen aus Dezidemen auf der sogenannten Baumstruktur komputiert werden und können daher Entscheidungsapparate bauen – sogenannte künstliche Intelligenzen, z. B. schachspielende Automaten. Es stellt sich dabei heraus, daß Entscheidungen-Treffen ein wichtiger Aspekt der Informationskomputation überhaupt ist: kreieren ist zum großen Teil entscheiden. Was nun das Hinübersetzen aus der Entscheidung ins Phänomen betrifft – also was *Macht* im historischen Sinn betrifft –, so wissen wir, daß es dabei um ein Realisieren von einigen wenigen Möglichkeiten geht, wobei die weitaus meisten ausgeschaltet werden. Anders gesagt: wir wissen, daß es beim Umsetzen einer Entscheidung in die Tat um ein Diskriminieren in einem Möglichkeitsfeld geht. So etwas läßt sich automatisieren, und Roboter sind dafür vorläufig noch primitive Beispiele: es sind Apparate, die getroffene Entscheidungen (Programme) ausführen können. Die Begriffe *Macht* und *Befehl* werden daher immer mehr mit dem Begriff *programmieren* verschwimmen und werden sich daher immer mehr ent-politisieren.

Die Kultursituation, die sich herauszukristallisieren beginnt, sieht etwa so aus: Es tauchen an verschiedenen Stellen der ehemals historischen Gesellschaft Gruppen von Spezialisten auf, die mit Hilfe von formalen Theorien und von Apparaten spezifische Möglichkeitsfelder analysieren, darin Entscheidungen treffen und diese entschiedenen Möglichkeiten aus dem Feld realisieren. Die Möglichkeitsfelder mögen ursprünglich weit auseinander gelegen haben: z. B. jenes der Nuklearphysik, der Molekularbiologie, der Ökologie, der Linguistik, der Musik, der plastischen Kunst, der Wirtschaft, der intersubjektiven Relationen. Aber da die Methodik der Analyse, der Entscheidungen und der Komputation auf allen Feldern die gleiche ist, rücken die virtuellen Felder immer näher und überdecken (overlap) einander. Das gegenseitige Überschneiden von Kompetenzen der Naturwissenschaft, der Sozialwissenschaft und der Kunst ist für die emporkommende Kultursituation sehr charakteristisch. Die Gruppen von Spezialisten – von Apparatprogrammierern und Systemanalytikern – sind miteinander über Abgründe zwischen den Kompetenzen vernetzt, und die Entscheidungen werden immer deutlicher in Funktion aller anderen Entscheidungen getroffen. Um ein einziges Beispiel zu geben: die Entscheidungen auf dem Gebiet der genetischen Technik werden mit den Entscheidungen auf dem Gebiet der Wirtschaft, der plastischen Kunst und der Ökologie getroffen. Eine derartig vernetzte Entscheidungsstruktur setzt voraus, daß es Gedächtnisse gibt, in denen die verschiedenen und verschieden verschlüsselten Dezideme in Kreuzreferenz gelagert werden. Die ursprünglichen zentralen Bibliotheken werden zugunsten von – mittels reversiblen Kabeln miteinander vernetzten – Antennengedächtnissen aufgegeben.

Was dabei auffällt, ist nicht nur das Verschwinden des öffentlichen Raums, sondern vor allem das synchronisierte Entscheidungen-Treffen. Dieser kybernetische, sich selbst steuernde Vorgang der Informationserzeugung läßt sich mit den hergebrachten Kategorien nicht mehr fassen. Traditionelle Fragen, wie jene nach dem verborgenen Interesse hinter den Entscheidungen, greifen daneben. Es ist hinzunehmen, daß sich das Erzeugen, Stapeln und Weitergeben von Informationen weitgehend von Einzelinteressen emanzipiert hat und nunmehr allein dem Motiv gehorcht, der Entropie der Natur entgegenzuwirken. Anders gesagt: daß das Engagement an der Kultur aus Selbstvergessenheit und im Aufgehen im kreativen Prozeß kommt. Die außerordentliche Beschleunigung der Kreativität, der Lagerungskapazität und der Übertragungstechnik der Informationen sind Zeugen dafür, daß die Technisierung der Kultur auf allen Möglichkeitsfeldern aus einer Sprengung der individuellen Kapsel und einer Verkoppelung von Menschen und Apparaten hervorkommt.

Wie gesagt bezieht sich das alles vorläufig nur auf ein Netz von Spezialisten – nennen wir sie einmal provisorisch Technokraten –, während die Mehrzahl die derart erzeugten, gestapelten und verteilten Informationen nur passiv aufnimmt, ohne sich von der Umschaltung des Informationsprozesses dabei auch nur Rechenschaft abzulegen. Die Erklärung dafür ist die Schaltungsmethode der Verteilerapparate. Die vernetzten Informationsprozessierer sind dabei Sender, und die Mehrzahl ist Empfänger der ausgestrahlten Informationen. Es geht um eine passive, verantwortungslose Masse, und sie ist verantwortungslos, weil die ausstrahlenden Kabel keine Antwort auf die ausgestrahlten Informationen gestatten. Etwaige Feedbacks wie zum Beispiel politische Wahlen oder Massendemonstrationen sind inoperativ, weil sie auf überholten politischen Kategorien beruhen. Es sieht also so aus: eine posthistorische Elite sendet die sich überstürzenden Informationen an eine passive Masse, und diese Masse bildet eines der Möglichkeitsfelder, aus denen die Elite neue Informationen herauskomputiert, um sie wieder gegen die Masse zu projizieren.

Diese Vermassung der Mehrzahl der Gesellschaft durch die Medien ist jedoch keine wirksame Informationserzeugungsmethode. Es wäre effizienter, aus den Massenmenschen Erzeuger von Informationen statt passive Empfänger zu machen; die Masse ins elitäre Netz aufzusaugen und sie an die atemberaubende Lawine der Informationen anzukoppeln: also alle Kanäle reversibel zu machen und die Massenmedien durch gekoppelte zu ersetzen. Ansätze zu dieser Umschaltung sind überall in den sogenannten entwickelten Gebieten ersichtlich, sie können unter dem Sammelnamen *Telematik* gefaßt werden. Der Grundgedanke dabei ist, die gesamte menschliche Gesellschaft in ein Informationen erzeugendes, speicherndes und verteilendes Netz umzugestalten und dabei die gegenwärtig verfügbaren Theorien und Techniken auszuwerten. Und das Ziel dabei ist, aus der Menschheit einen gewaltigen, negativ entropischen Strom zu machen, der in Gegenrichtung der Natur, also des Todes und des Vergessens fließt.

Dagegen sind jedoch zwei Bedenken anzumelden. Das erste ist mit dem Begriff *Kompetenz* zu fassen. Um an einer vernetzten Gruppe von Informatikern beteiligt zu sein, muß man für das dort analysierte Möglichkeitsfeld kompetent sein, und diese Kompetenz erfordert vor allem das Beherrschen von Codes und Methoden. Dabei stellt sich heraus, was gegenwärtig *Macht* meint. Nämlich das Beherrschen von Codes und von Methoden. Die Masse ist machtlos, weil sie inkompetent ist, und sie gewinnt Macht in jenem Ausmaß, in dem sie kompetent wird. Daher ist die Frage nach der Vernetzung statt Vermassung vor allem eine Frage nach dem Verteilen von Kompetenzen. Nun ist aber das Erwerben von Kompetenz ein unnatürlicher und antibiologischer Vorgang, denn er widerspricht dem Trägheitsgesetz und dem Gesetz der geringsten Mühe. So zeigt sich, daß das Erwerben der Kompetenz die Voraussetzung zur Erwerbung von Information ist. Solange die meisten Menschen natürliche Wesen bleiben – d. h. träg und bequem –, solange wird das Kulturengagement einer Elite vorbehalten bleiben.

Das zweite Bedenken gegen Vernetzung ist radikaler. Das Bewußtwerden des Informationsprozesses ist auch ein Bewußtwerden davon, daß dieser absurd ist. Ungeachtet der gewaltigen Summe der erzeugten Informationen, der technisch hervorragenden Lagerung und Verteilung der Informationen bleibt es dennoch richtig, daß all dies notwendigerweise in Entropie enden wird, daß all dies nur ein Epizyklus ist, der auf der Tendenz zum Immer-wahrscheinlicher-Werden aufsitzt. Das heißt: sobald wir uns bewußt werden, worin das Engagement an Kultur besteht, werden wir uns auch bewußt, daß es ein absurdes Engagement ist. Und von daher ist die passive, empfangende, verantwortungslose Masse der kreativen Elite vorzuziehen. Die unbewußte Anonymität der Konsumenten ist eine bessere Lebensstrategie als das bewußte Schaffen. Anders gesagt: alles Bewußtsein ist unglücklich, und Vermassung ist die richtige Strategie, falls das Ziel das Glück ist.

Die Macht, die Politik, die Republik sind daran, funktionslos zu werden, und das historische Bewußtsein ist daran, einem formalen zu weichen. Dies stellt zum ersten Mal die Frage nach der Vermassung und Vernetzung in einen Kontext, der technisch gelöst werden könnte. Aber es wird dabei auch ersichtlich, daß es sehr problematisch ist, wenn Probleme gelöst werden können. Dies die etwas hoffnungslosen, nachpolitischen Reflexionen dieses Beitrags.

DANKWORT

Zuerst möchten wir uns bei den Referenten bedanken, deren Bereitschaft zur Teilnahme an unserem Symposion dieses erst möglich machte. Hier können wir nicht unerwähnt lassen, daß wir während der Vorbereitung zu diesem Buch die tragische Nachricht vom Tode Vilém Flussers erhalten haben. Seine Widerspruchslust und kosmopolitische Bildung haben unserer Tagung eine ungewöhnliche Spannung gebracht, er wird uns allen unvergeßlich bleiben. Sein Referat kommt, zusammen mit dem von Daniel Cohn-Bendit (dessen frei gesprochenen Diskurs wir, mit notwendigen Änderungen, so gelassen haben, wie er vorgetragen wurde), im Anhang dieser Publikation heraus, da beide Vorträge, wenn auch nicht mit Canettis „Masse und Macht" in direktem Zusammenhang stehend, gegensätzliche Thesen ausdrücken, die, wie es scheint, eine breite Akzeptanz genießen; wir wollten den Lesern ihre Beiträge nicht vorenthalten.

Zu Dank verpflichtet sind wir Herrn Prof. Dr. Helmut Zilk, Bürgermeister der Stadt Wien, Frau Dr. Ursula Pasterk, Stadtrat für Kultur, und Herrn MinRat Dr. Wolfgang Unger, die die Finanzierung des Symposions sicherten, und Frau Christine Pelousek, Geschäftsführerin des Kunstvereins Wien, für ihre freundliche Zusammenarbeit.

Weiters gebührt unser Dank Frau Dr. Ursula Knittler-Lux, Generalsekretärin des Verbandes Wiener Volksbildung, die als erste unserem Vorhaben Aufmerksamkeit schenkte; Herrn NR Kurt Steinbach, Vorsitzender des Verbandes Wiener Volksbildung, der uns, trotz anfänglicher Skepsis, die volle Anerkennung geschenkt hat, und Herrn Dr. Wilhelm Petrasch, Direktor der Wiener Urania, der mit seiner tatkräftigen Unterstützung unsere Arbeit bereicherte.

Unser ganz besonderer Dank gilt Herrn Dr. Kurt Scholz, der uns von Anfang an von Seiten der Stadt Wien mit Rat und Tat bei der Gestaltung der jährlichen Canetti-Symposien behilflich war.

John Pattillo-Hess
Frühjahr 1992

Die Autoren

MICHAEL BENEDIKT, geb. 1928 in Wien. Dr. phil., o. Univ.-Prof. Studium der Philosophie, Soziologie und Psychologie in Wien, München, Freiburg und St. Paul, Minneapolis. Publikationen u. a.: „Bestimmende und reflektierende Urteilskraft", 1981.

RITA BISCHOF, geb. 1948 in Frankfurt. Dr phil., Univ.-Doz. Studium der Soziologie und Vergleichenden Literaturwissenschaft in Frankfurt, Marburg und Berlin. Publikationen u. a.: „Souveränität und Subversion. Georges Batailles Theorie der Moderne", 1987.

DANIEL COHN-BENDIT, geb. 1945 in Montauban, Frankreich. Studium der Soziologie in Paris. 1968 mitbeteiligt an der Studentenrevolte in Frankreich. Freier Schriftsteller. Derzeit ehrenamtlicher Stadtrat und Dezernent für Multikulturelle Angelegenheiten der Stadt Frankfurt.

BERNHARD DENSCHER, geb. 1954 in Wien. Mag. Dr. phil., Historiker und Germanist. Von 1979 bis 1990 wissenschaftlicher Mitarbeiter der Stadt- und Landesbibliothek. Seit 1991 Leiter der Kulturabteilung der Stadt Wien. Publikationen u. a.: „Humor vor dem Untergang", 1983; „Kunst & Kommerz",1985; „Gold gab ich für Eisen", 1987.

JESUS ESCANDON, geb. 1938 in Colchagua, Chile. Studium der Rechte und der Philosophie in Concepción, Santiago und Madrid. Dr. jur., o. Univ.-Prof. für Rechtsphilosophie und Römisches Recht an der Universidad de Concepción, Chile.

VILEM FLUSSER, geb. 1920 in Prag. 1939 Emigration nach Brasilien. Studium der Philosophie in Prag und Sao Paulo. O. Univ.-Prof. an der Universität Sao Paulo. Seit Anfang der 70er Jahre lebte Flusser in Südfrankreich. 1991 bei einem tragischen Unfall gestorben. Publikationen u. a.: „Nachgeschichten", Düsseldorf 1990.

PETR HORAK, geb. 1935 in Brno, Tschechoslowakei. Studium der Geschichte und Philosophie in Brno, Prag, Straßburg und Paris, Dr. phil., o. Univ.-Prof. an der Masaryk Universität in Brno. Forschungstätigkeit an der Tschechoslowakischen Akademie der Wissenschaften.

TAMAS LICHTMANN, geb. 1949 in Debrecen, Ungarn. Studium der Germanistik und Literaturwissenschaften in Debrecen und Berlin. Dr. phil., seit 1983 Dozent für Germanistik der Lajos Kossuth Universität in Debrecen.

THOMAS H. MACHO, Jahrgang 1952. Studium der Philosophie in Wien, Dr. phil., Ass.-Prof., Univ.-Doz. an der Universität Klagenfurt. Leiter des „Studienzentrums für Friedensforschung“ in Stadtschlaining. Wichtigste Veröffentlichung: „Todesmetaphern“, Frankfurt/Main 1987.

KARL MARKUS MICHEL, geb. 1929 in Hongkong. Lebt als freier Schriftsteller in Berlin. Herausgeber der Zeitschrift „Kursbuch“. Publikationen u. a.: „Von Eulen, Engeln und Sirenen“, 1988.

JOHN PATTILLO-HESS, geb. 1943 in Santiago, Chile. Dr. phil. Studium der Philosophie und Logistik in Santiago und Wien. Publikationen u. a.: „Vom Zerfall der Massen zur Hetzmeute“, 1987.

TIBOR PICHLER, geb. 1949 in Bratislava. Dr. phil. Studium der Philosophie und Geschichte in Bratislava. Publikationen u. a.: „Zu den philosophischen Quellen der anarchischen Auffassung der Wissenschaft“, 1985; „Svätopluk Stúr“, 1989.

FRANZ SCHUH, geb. 1947 in Wien. Studium der Philosophie, Geschichte und Germanistik, Dr. phil. Redakteur der Zeitschrift „Wespennest“. Lebt als freier Schriftsteller in Wien. Publikationen u. a.: „Das Widersätzliche in der Literatur“, Wien 1981.